단순하게 살기

국립중앙도서관 출판시도서목록(CIP)

단순하게 살기 : 성 요한 크리소스토무스의 황금 설교/
요한 크리소스토무스 지음 ; 로버트 밴 더 웨이어 엮음 ; 이현주 옮김.
—서울 : 아침이슬, 2008
p. ; cm. —(지혜의 우물 ; 2)

원표제 : On Living Simply
원저자명 : John Chrisostom, Robert Van de Weyer
영어 원작을 한국어로 번역
ISBN 978-89-88996-92-8 03230 : ₩9000

설교집[說敎集]

235.2-KDC4
252-DDC21   CIP2008001547

JOHN CHRYSOSTOM: THE GOLDEN VOICE OF PROTEST
by Robert Van de Weyer
Copyright © 1996 by Robert Van de Weyer
Korean translation copyright © 2008 by Ahchimyisul Publishing Co.
All rights reserved.
This Korean edition published by arrangement with O books/John Hunt Publishing Ltd.,
The Bothy, Deershot Lodge, Park Lane, Ropley, Hampshire, SO24 0BE, UK through
SibylleBooks, Seoul.

이 책의 한국어판 저작권은
시빌 에이전시를 통한 저작권자와의 독점계약으로 도서출판 아침이슬에 있습니다.
신저작권법에 의해 한국 내에서 보호를 받는 저작물이므로 무단전재와 무단복제를 금합니다.

단순하게 살기

성 요한 크리소스토무스의 황음 설교

요한 크리소스토무스 지음
로버트 밴 더 웨이어 엮음
이현주 옮김

아침이슬

옮긴이의 말

이 짧은 설교들을 읽고 우리말로 옮기면서 많은 감동을 받았습니다. 해야 할 말만 하고 마는 언어의 간결함에 우선 놀랐고, 로마 제국의 4세기에 벌써 위장된 물신숭배로 휘청거리는 교회를 향하여 이렇게 경고와 권면의 사자후를 토한 성인이 있었다는 사실에 놀랐고, 무엇보다도 그 내용이 오늘 21세기 한국 교회에 주는 절박한 충고 같다는 사실에 놀랐습니다.

이 책을 옮기게 된 것은 저로서 평생 잊지 못할 하느님의 은총이었습니다. 아담하고 깨끗한 책으로 만들어주신 아침이슬 출판사에 감사드립니다.

2008년 5월 아침

이현주

I

공기, 물, 불, 햇볕과 같은 것들은 돈 주고 살 필요가 없습니다. 누구든지 맘껏 즐기라고, 이 모든 축복들을, 하느님께서 넉넉히 주셨거든요. 햇볕은 부자와 가난한 자에게 똑같이 내려쬐고, 같은 공기를 부자와 가난한 자들이 함께 마십니다.

그러면 왜, 생명을 지탱하기 위하여 반드시 필요한 것들은 모두 함께 쓸 수 있도록 하느님께서 넉넉하게 만드셨는데, 돈은 그렇지 않을까요?

이유는 두 가집니다. 하나는 생명을 지키기 위해서고 다른 하나는 덕행(德行)의 문을 열기 위해서예요. 만약, 살아가는 데 반드시 필요한 공기나 물 따위가 모두 함께 쓸 수 있을 만큼 풍족하지 않다면 욕심 많은 부자들이 그것들을 가난한 이들한테서 가져갈 것입니다. 자기만을 위해 돈을 쌓아두어야 만족하는 자들이 물이나 공기도 그렇게 하지 않을 리 없지요. 반면에, 돈이 어디에나 넘치도록 있으면 부자 쪽에서는 베푸는 기회를, 가난한 자 쪽에서는 감사하는 기회를 얻을 수 없을 것입니다.●

2

부자들은 보통 가난한 사람을 물질적으로 약탈하지 않는 한 자기에게 죄가 없다고 생각합니다. 그러나 부자들의 죄는 그들의 재물을 가난한 사람들과 나누지 않는 데 있습니다. 실제로, 자신만을 위해서 재물을 쌓아두는 부자는 일종의 강도질을 하고 있는 거예요. 모든 재물이 하느님한테서 오는 것이고 따라서 모든 사람이 공평하게 쓰도록 되어 있기 때문입니다. 그것이 그렇다는 증거는 사방에 널려 있지요.

나무와 채소들이 생산해내는 신선한 열매들을 보십시오. 해마다 그토록 풍성한 결실을 거두게 하는 기름진 흙을 보세요. 우리에게 포도주를 제공하는 포도나무의 달콤한 포도알들을 보십시오.

부자들은 열매와 곡식이 자라는 논과 밭을 자기네가 소유했다고 주장할 것입니다. 그러나 씨앗을 싹 틔워 자라게 하시는 이는 하느님이십니다. 자기 밭에서 나오는 소출을, 거기서 일한 사람들과 그리고 모든 궁핍한 사람들과, 더불어 나누는 것이 부자들의 임무입니다.●

3

우리가 어떻게 창조되었는지 기억하십시오. 모든 인간이 공동의 조상을 모십니다. 따라서 모든 인간의 육신이 같은 물질로 되어 있지요. 귀족의 몸과 시골 농부의 몸 사이에 아무 다른 점이 없습니다. 우리가 자선을 행하여, 우리에게 있는 것으로 없는 사람들을 도와줄 때, 그때 우리는 우리가 다른 사람들과 하나임을 알고 있는 것입니다.

무엇보다도, 부자들과 가난한 자들이 같은 육신을 지니고 있기에, 가난한 이의 고픈 배가 부자들에게 아픔이어야 합니다. 그리고 그 아픔은 굶주린 이들의 배를 채워줌으로써만 진정될 수 있어요.

부자들이 자주 자선에 대하여 말하고 저들의 선한 의도를 표현하지만 그들의 말과 행동이 일치되지 않는 것은 슬픈 일입니다. 그러나 부자들의 선한 의도는, 자기네가 가난한 자들과 하나인 줄 알고 있다는 뜻이니만큼 우리에게 희망을 줍니다.

이제 우리가 할 일은 부자들로 하여금 자기네 말을 행

동으로 옮기도록 설득하는 것입니다. 설교자들은 마땅히 이 일을 해야 합니다. 그리고, 부자들에게 말할 기회가 있는 사람이라면 누구나 그래야 합니다. ●

4

상업(商業) 자체가 나쁜 것은 아닙니다. 사실 그것은 하느님이 세우신 질서의 한 영역이지요. 문제는 우리가 어떻게 상업을 경영하느냐, 그게 문젭니다.

우리가 장사를 하지 않을 수 없는 이유는, 하느님께서 사람들을 저마다 다른 꿈과 다른 기술을 가지고 살게끔 지으셨기 때문입니다. 누구는 훌륭한 목수로, 누구는 훌륭한 설교자로, 누구는 메마른 땅에 곡식을 기르는 농부로, 누구는 병을 잘 고치는 의원으로 살아가지요.

이렇게 사람은 각자 하느님께서 자기에게 주신 일을 하거니와, 본인의 기술을 팔거나 본인이 만든 상품을 팔아서 그 돈으로 살아가는 데 필요한 물품들을 장만하는 것입니다. 문제는 어떤 사람이 자기 상품에 다른 사람들의 것보다 너무 비싼 값을 매기거나 아니면 사람을 고용하고 적절한 삯을 주지 않는 데서 발생합니다. 그 결과로 누구는 부자가 되고 누구는 가난한 사람이 되지요.

그러나 하느님 눈으로 보면 그 어떤 기술도 다른 기술보다 월등하지 않습니다. 모든 형태의 정직한 노동이 평등합니다. 그러므로 사람들이 일한 대가로 받는 삯에 차등을 두는 것은 하느님의 거룩하신 질서를 해치는 짓입니다. ●

5

 남편에게는 집안에서 음식을 장만하고, 옷을 만들고 빨고 고치고, 물을 긷고, 방과 살림살이를 청소하는 일에 아내가 필요합니다. 아내에게는 밭을 갈고, 집을 짓고 수리하고, 필요한 것들을 사기 위한 돈을 벌어줄 남편이 필요하지요.

 하느님은 남자들 가슴속엔 아내 사랑하는 능력을, 여자들 가슴속엔 남편 사랑하는 능력을 심어주셨습니다. 그러나 그들이 서로 의존할 수밖에 없는 처지가 서로를 더욱 사랑하게 만들기도 합니다.

 때로, 마음속 사랑만으로는 결혼 생활을 지속하는 데 충분치 못할 수 있어요. 그럴 경우 물리적인 필요에서 오는 사랑이, 어려운 시절을 함께 견딜 수 있도록 두 사람에게 힘을 줄 것입니다.

 사회의 경우도 마찬가지입니다. 하느님께서는 모든 사람 가슴에 이웃 사랑하는 능력을 심어주셨어요. 그러나 서로 남의 기술과 재능에 의존해야 하는 어쩔 수 없는 사정이 그 사랑에 큰 힘을 실어주는 것입니다. ●

6

지금 지니고 있는 것을 잃지 않으려거든, 그것을 남들과 나누십시오. 지금 가진 것을 계속 가지려거든, 그것을 필요한 사람에게 주십시오. 자기 소유에 집착하다가 그것을 빼앗기는 일이 없도록 하십시오. 보물을 사장(死藏)하여 그것들을 썩어 못 쓰게 만들지 마십시오. 여러분 재물을 모두 하느님께 내어 맡기세요. 그래야 그것을 훔쳐다가 없애버리려는 자들 손에 넘어가지 않습니다.

이 권고가 무엇을 뜻하는지 알아듣습니까? 아니면 그냥 말이 안 되는 소리로 들리나요? 믿음이 없는 사람에게는 헛소리로 들릴 것입니다. 그러나 믿음이 있는 사람에게는 빈틈없는 참말입니다.

하느님만이 우리가 기대어 살아가는 물질을 주실 수 있다고, 믿음은 우리에게 말합니다. 그분이 어떤 사람들에게 필요한 만큼보다 조금 더 주시는 것은, 그것으로 사치를 부리라는 게 아니라 고아와 병자와 장애인들을 위하여 그것을 관리하라는 것입니다.

만일 그들이 저만 위해서 물질을 쌓아두는 고약한 청

지기라면, 영혼의 가난뱅이가 되고 그 가슴은 비참으로 가득 찰 것입니다. 만일 그들이 선한 청지기라면, 영혼의 부자가 되고 그 가슴은 기쁨으로 가득 차겠지요. ●

7

탐욕과 이기심 같은 부자들의 죄는 명백하게 드러나 보입니다. 가난한 자들의 죄는 그보다 덜 드러나지만 그래도 영혼을 부패시키기는 마찬가집니다.

가난한 자들 가운데는 간혹 부자를 질투하는 사람들이 있는데 이는 실제로 위장된 탐욕의 한 종류입니다. 왜냐하면, 많은 재물을 소유하고 싶어 하는 가난한 사람은 많은 재물을 쌓아두는 부자와 그 정신에 있어서 조금도 다르지 않으니까요.

많은 가난한 사람들이 두려움에 사로잡혀 있습니다. 그들의 마음은, 밥상에 놓을 양식과 몸에 걸칠 옷에 대한 걱정 근심으로 가득 차 있어요. 어떻게든지 부자들을 속여 그들의 재물을 자기 것으로 만들어보려는 가난한 자들도 있지요. 그들은 저임금으로 가난한 이들을 착취하려는 부자들과 하나도 다를 바 없습니다.

가난한 사람이 복을 누리며 살아가는 비결은 모든 일에 하느님을 믿어 의지하고 아무것도 요구하지 않는, 그리고 지금 자기에게 주어진 것들에 대하여 감사하는 데 있습니다. ●

8

집안이 몰락하여 궁핍해졌을 때 살아남으려면 남에게 돈을 빌리지 않을 수 없겠지요. 이때, 빌려준 쪽에서 원금에 이자를 물린다면, 그 집안은 더욱 깊은 수렁에 빠질 것입니다. 원금뿐 아니라 이자까지 갚아야 하니까요. 이 경우 돈을 빌려준 자는 자기가 무슨 친절을 베푼다고 스스로 생각하겠지만 실은 자선의 탈을 쓰고 지독한 악의(惡意)를 실천하고 있는 것입니다. 그는 지금 남의 재난을 틈타 장사를 하고 있으며, 그들의 곤궁에서 이익을 뽑아내고, 자선 행위에 대한 물질적 보상을 요구함으로써 자선을 강도질로 바꾸고 있습니다.

사람들 보기에는 가난한 가정을 안전한 항구로 이끄는 것 같지만 사실은 그들의 배를 바위에 부딪치도록 끌고 가는 것입니다.

그가 이렇게 물을는지 모르겠네요.

"어째서 내가 쓸 돈을 남에게 빌려주고 거기에 대한 보상을 요구하면 안 된다는 건가?"

내 대답은 이렇습니다.

"물론 그대가 이 세상에서 남에게 빌려준 돈에 대해서 그대는 보상을 받을 것이다. 그대가 상상할 수 있는 것보다 훨씬 많은 이자를 하늘에서 받을 것이다." ●

9

조잡한 연장을 지닌 목수가 있다고 생각해봅시다. 연장이 좋지 못해서 간단한 책상 하나 만드는 데도 여러 날이 걸립니다. 게다가 물건이 잘 빠지지 않아서 값을 제대로 받을 수도 없어요. 그는 선택을 해야 합니다. 있는 돈 없는 돈 모두 털어서 먹을 것과 마실 것을 살 것이냐? 아니면, 계속 배가 고프더라도 돈을 모았다가 괜찮은 연장을 장만할 것이냐? 만일 그가 후자를 선택한다면, 좋은 책상을 좀 더 빨리 만들 수 있을 것이고 그러면 수입도 금방 나아지겠지요.

이 선택은 우리 모두가 해야 하는 영적 선택을 암시합니다. 자신의 쾌락을 위하여 소유한 재물을 모두 써버릴 것인가? 아니면 남에게 주기 위하여 재물의 일부를 돌려놓을 것인가? 우리는 이럴 수도 있고 저럴 수도 있습니다. 만일 후자를 선택한다면, 몇 가지 지상(地上)의 쾌락을 희생하겠지만 그렇게 하여 하늘에서 얻게 될 기쁨은 땅에서 상실한 쾌락보다 훨씬 클 것입니다. 땅에서 행하는 모든 자선 행위는 하늘에 맡기는 투자 행위입니다. ●

10

우리 그리스도의 제자들은 보물을 하늘에 쌓아두는 것이 우리가 이 땅에 살아가는 목적이라고 말합니다. 그러나 우리의 행실은 그 말이 빈말임을 자주 보여줍니다. 많은 그리스도인들이 자기 자신을 위하여 좋은 집을 짓고 아름다운 정원을 가꾸고 화려한 욕실을 꾸미고 논밭을 사들입니다. 그러니 이교도들이 우리가 하는 말을 곧이듣지 않는 게 하나도 이상한 일이 아니지요. 그들은 묻습니다.

"당신들 눈이 하늘 저택을 바라보고 있다면서 땅 위에 저택들을 짓는 이유가 무엇인가? 만일 당신네가 말한 대로 산다면 부유함을 버리고 소박한 오두막에서 살아야 할 것 아닌가?"

그리하여 그들은, 우리가 성실하게 종교 생활을 하지 않는다는 결론을 내리고 결국 그리스도교라는 종교를 진지한 태도로 바라보지 않게 됩니다.

어쩌면 여러분은 이 문제에 대한 그리스도의 가르침을 따르기가 너무 어렵고, 마음은 그러려고 하지만 몸이 말을 듣지 않는다고 말하고 싶을는지 모르겠습니다. 내 대답은, 여러분에 대한 여러분 자신의 판단보다 여러분에 대한 이교도들의 판단이 더 정확하다는 것입니다. 이교도들이 우리를 위선자라고 비난할 때 우리들 대부분이 그렇다고 시인하지 않을 수 없는 현실입니다.●

II

어떤 사람들은 지금 몸담아 살고 있는 집을 자기 왕국인 양 여깁니다. 마음속으로는 언제고 죽어 떠날 수밖에 없음을 알고 있지만, 그러면서도 이 땅에 영원히 머물 것으로 착각하지요. 그들은 비싼 재목으로 지은 큰 집을 자랑으로 삼습니다. 밝은 색으로 집을 단장하고 최고급 가구들로 방 안을 가득 채우는 데서 즐거움을 맛봅니다. 수백 년쯤 끄떡없을 자재로 집을 짓고 살면 평화와 안전이 보장된다고 생각합니다.

그런데, 이와 반대로 우리는 자신이 잠시 땅에 머물다 가는 나그네임을 알고 있습니다. 지금 몸담아 살고 있는 집이 영생으로 가는 길목의 여관일 뿐이라는 것도 압니다. 우리는 우리를 둘러싼 벽이나 머리 위의 지붕에서 평화와 안전을 구하지 않습니다. 오히려 성스런 은총의 벽에 둘러싸이고 하늘로 지붕을 삼고자 합니다. 사랑으로 이루는 선한 행실이야말로 우리의 살림살이 가구들입니다. ●

12

 우리가 믿음의 원리에 따라서 살아갈 때, 우리 주변 사람들은 세 가지 방식으로 반응을 보일 것입니다. 첫 번째 반응은, 우리의 선한 행실에 감동하고 거기서 오는 기쁨을 함께 맛보고자 하는 마음으로 우리처럼 되고 싶어 하는 것입니다. 우리가 가장 간절하게 바라는 반응이지요. 두 번째 반응은, 우리에게 무관심한 것입니다. 자기 자신을 돌보고 위하는 데 매여 있는지라, 육신의 눈은 우리가 살아가는 방식을 보고 있지만 마음의 눈은 멀어 있는 상태입니다. 그러므로 우리는 그들을 자극할 수가 없습니다. 세 번째 반응은, 우리가 살아가는 방식에서 위협을 느끼거나 성이 나서 우리를 반대하는 것입니다. 그리하여 자기네가 소유하고 있는 재물과 이기적 욕망에 더욱 단단히 집착하고, 기회만 있으면 우리를 헐뜯습니다.

 당연히 우리는 이 세 번째 반응에 두려움을 느낍니다. 그들의 신념과 가치관이 어떠하든, 이웃인 그들과 평화롭게 살기를 원하니까요. 그러나 만일 아무도 우리에게 이런 반응을 보이지 않는다면 과연 우리가 그리스도의 명령을 제대로 충실하게 따르고 있는지 반성해보아야 할 것입니다. ●

13

접시나 쟁반이 바닥에 떨어져 박살이 나면 화가 납니까? 태풍이 불어올 때 불안감을 느낍니까? 지붕의 기왓장들이 느슨해지는 소리가 귀에 들리나요? 비가 너무 많이 내려 홍수가 졌을 때 밭에 심은 곡식들이 걱정됩니까? 밤중에 문빗장 삐걱거리는 소리가 들리면 혹시 강도가 들어오려고 저러는 건 아닐까 싶어 겁이 납니까? 그런 느낌이 드는 것은 지극히 당연한 일입니다.

그렇지만, 믿음은 우리에게 권합니다. 소유한 물질에 얽매이지 말라고, 그래서 그것들에 휘둘리는 일이 없도록 하라고.

물론 우리는 이 땅에 살아가는 동안 음식 담을 접시도 있어야 하고, 이슬 가릴 지붕도, 밭에서 자라는 곡식도, 방 안에 두고 쓸 가구도 있어야 합니다. 그러나 우리가 날마다 최선을 다하여 성실하게 일한다면 하느님께서는 틀림없이 우리에게 필요한 것들을 마련해주실 것입니다. 그리고 만일 어떤 물건이 깨지거나 도둑맞거나 분실되면, 다시 채워주실 것인지 말 것인지, 채워주

시면 언제 채워주실 것인지, 그것도 하느님께서 결정하시겠지요. ●

14

어떤 사람은 동판을 두드려 우아한 모양을 만들고 거기에 정교한 장식을 새기는 기술이 있습니다. 어떤 사람은 가구를 만드는데 서로 다른 나무 조각을 튼튼하게 짜 맞추어서 누구도 떼어놓지 못하게 하는 기술이 있지요. 또 어떤 사람은 물레를 돌려 실을 자아낼 수 있고 어떤 사람은 그것으로 옷감을 짤 수 있습니다. 어떤 사람은 돌 위에 돌을 얹어 담장을 쌓고요.

실로 여기에 다 적을 수 없을 만큼 다양한 기술이 사람에게는 있습니다. 그 기술을 습득하려면 오랜 세월이 필요합니다.

그러면, 이제 부자들에게는 어떤 기술이 있어야 하는 걸까요? 그들에게는 동판을 두드리거나 나무를 짜 맞추거나 담장 쌓아올리는 기술이 필요 없습니다. 그보다는 다른 사람을 유익하게 하기 위하여 재물을 잘 활용하는 기술이 필요하지요.

흔히 목수나 미장이들은, 부자들이 그런 기술을 익히기는 쉬운 일이라고 생각할는지 모르겠습니다. 그러나 사실은 굉장히 어려운 기술입니다. 그런 기술을 제대로 부리려면 큰 지혜와 도덕이 있어야 해요.

보십시오, 얼마나 많은 부자들이 그 기술을 끝내 습득 못하는지요, 그 기술을 습득하여 완벽하게 부리는 부자들이 얼마나 드문지요.●

15

옷 만드는 사람이 옷을 만들어 팔 때, 유일한 공(功, service)은 몸에 옷을 입히는 것입니다. 구두 만드는 사람이 구두를 만들어 팔 때에도 유일한 공은 발에 구두를 신기는 것입니다. 그러나 어떤 사람이 다른 사람에게 돈이나 다른 것을 줄 때에는 두 가지 공이 이루어집니다. 하나는 받는 사람이 물질적 은혜를 입는 것이요, 다른 하나는 주는 사람이 영적 은혜를 입는 것이지요.

남에게 베푸는 행위가 그 주인공에게 복을 가져다주기 때문입니다. 그리고 여기에 세 번째 공이 있을 수 있습니다. 만일 받는 사람이 겸손한 마음으로 감사한다면 그의 영혼도 복을 받을 것입니다.

아무도 돈 받고 팔지 않는 사회, 모든 구성원이 기술과 재물을 값 없이 나눠주는 그런 사회를 상상해보세요. 그 사회에서 이루어지는 모든 행위가 물질적 은혜뿐만 아니라 영적 은혜를 가져다줄 것입니다. 그런데 그 사회는 이미 축소판으로 존재합니다. 가족 공동체가 그것이지요. 한 마을 한 도시가 큰 가족 공동체로 살아간다면

얼마나 근사할까요? 땅에서 이루어진 하늘나라가 별것
이겠습니까? ●

16

우리가 남에게 무엇을 줄 때 그 양(量)은 물건의 크기가 아니라 마음의 크기로 재어야 합니다. 가난한 여인이 다른 가난한 여인에게 보리죽 한 그릇을 나누어주었다면, 교회에서 주관한 자선 행사에 금화를 던져 넣은 부자보다 더 큰 칭송을 들어야 합니다. 이 사실을 모르는 그리스도인은 없을 터인데도, 그들의 말과 행동을 보면 사뭇 다르더군요.

한 부자가 교회에 많은 헌금을 바쳤을 때 사람들은 입에 침이 마르도록 그를 칭송합니다. 그만한 돈이 없다고 해서 궁핍을 느낄 리 없건만 사람들은 그의 너그러움을 찬양합니다.

반면에 가난한 사람이 바치는 적은 예물에는 아무 말도 하지 않지요. 그 사람은 그 돈이 없으면 당장 배를 곯아야 할 지경이지만 아무도 그를 칭송하거나 그에게 고맙다고 하지 않습니다.

부자들을 칭송하느니 차라리 아무도 칭송하지 않는 게 낫습니다. 그보다, 부자건 가난한 사람이건 그가 바치는 돈의 액수보다 속마음을 면밀히 살펴보고 나서 칭송할 사람을 칭송하는 게 더 낫겠지요. 사람들이 자기 재물 내어놓는 데 너그럽듯이 우리는 그들을 칭송하는 데 너그러운 사람이 됩시다. ●

17

콩 한 알이 어떻게 만들어지는지 살펴보십시오. 많은 사람이 밭 갈고 씨 뿌리고 익은 곡식 추수하는 농부의 수고를 말할 겁니다. 그러나 그리 간단한 게 아닙니다.

농부에게는 쟁기, 낫, 괭이, 삽 따위를 만드는 대장장이가 있어야 합니다. 또, 삽자루와 멍에를 만드는 목공도 필요하지요. 마구를 만드는 무두장이도 있어야 하고, 마소를 위한 외양간과 곡물 쌓아둘 곳간을 짓는 목수도 필요합니다. 밀가루로 빵을 만드는 제과업자도 있어야 해요. 그렇지 않으면, 농부의 모든 수고가 소용이 없습니다. 농부에게는 또, 목수가 톱질할 나무들을 가꾸는 숲의 관리인이 있어야 하고 빵 구울 때 쓸 장작을 장만하는 나무꾼도 있어야 합니다. 이렇듯이, 콩 한 알 만드는 데 수많은 사람이 필요하지요.

살아남기 위해서 다른 사람들을 의존하지 않을 수 없는 것이 우리네 형편인데, 그런데 어째서 우리는 서로 착취하고 속이려 드는 겁니까? 다른 사람을 이기려고 애쓰는 것보다 더 어리석고 무모한 짓이 없습니다. 남을

속이고 착취하는 자들은 자기 자신을 속이고 착취하는 것입니다. ●

18

여러분은 돈이 필요하다고 말합니다. 필요한 물건을 사려면 돈이 있어야 한다고 말합니다. 그 말에 이의를 달지는 않겠습니다. 나 또한 살아남으려면 돈이 있어야 하니까요.

그러나 나는 정말 돈이 필요 없었으면 합니다. 나뿐 아니라 우리 모두에게 돈이 필요하지 않게 되기를 바랍니다. 하느님께서는, 우리에게 필요한 모든 것을 마련해줄 테니 당신을 믿고 의지하라고 말씀하십니다. 나는 우리에게 필요한 것을 마련해주는 다른 사람들도 믿을 수 있었으면 합니다.

설교자인 나는 실제로 그러지 않을 수가 없습니다. 나는 하느님의 진리를 선포하고, 내 말을 들은 이들이 주는 선물에 의존하여 살아갑니다. 그 선물은 대개 돈의 모양을 하고 있지요.

여러분 가운데 어떤 이는 물건을 만듭니다. 만일 여러분 모두 각자 만든 것을 값 없이 서로 주고받는다면, 그런다면 돈이 필요 없게 되겠지요. 여러분 모두가 다른 사람에게 무엇이 없어서 곤란한 것을 보고 마음이 아프다면, 그래서 자기 능력이 닿는 만큼 그에게 필요한 것을 마련해준다면, 그런다면 우리 가운데 누구도 돈이 필요 없을 것입니다. 아무도 배고프거나 춥거나 하지 않고, 모두가 넉넉하게 살아가겠지요. ●

19

부자들이 자기네 재물을 제대로 잘 쓰는 기술이야말로 모든 기술 가운데 최고의 기술입니다.

이 기술을 배우는 학원은 땅에 있지 않고 하늘에 있습니다. 이 기술을 배워서 익히려면 하느님과 직접 통해야 하니까요. 이 기술에 필요한 연장들은 쇠나 구리로 만드는 게 아니라, 착한 뜻(good will)으로 만듭니다. 아무리 부자라도, 착한 뜻을 품어야 자기 재물을 제대로 잘 쓸 수 있기 때문입니다. 실로, 착한 뜻 그 자체가 기술이에요. 한 부자가 진심으로 가난한 이를 돕고자 마음먹으면 하느님께서, 기다리셨다는 듯이, 가장 좋은 길을 보여주실 것입니다.

훌륭한 목수가 되려면 망치, 톱, 끌 따위 연장 다루는 법을 배워 익혀야 하듯이, 훌륭한 부자가 되어 가난한 이들을 제대로 섬기려면 마음과 생각 다스리는 법을 배우고 익혀야 합니다. 언제 어디서나 좋은 생각을 하며 이기적인 생각은 지워버리는 방법을 배워야 해요. 어떻게 하면 오직 하느님의 뜻에 순종하기만을 바라며 살 것인가? 그 방법을 배워야 합니다.

 이것이 내가, 그리스도의 부유한 제자로 되는 것이 모든 기술 가운데 최고의 기술이요, 이 기술을 습득한 사람이야말로 진정한 성인이라고 말씀드리는 까닭입니다. ●

20

나는 자주 부자니 가난한 자니 말을 합니다만, 실은 그런 식으로 말하지 않았으면 좋겠습니다. 모든 사람이 그리스도의 가르침을 따라서 산다면, 부자도 없고 가난한 자도 없고 모두가 평등할 것입니다. 모든 사람이 평등해질 때까지 계속해서 부자들이 자기 것을 내어줄 테니까요. 이런 일이 일어나지 않는 것은 극히 적은 사람들만이 그리스도의 가르침을 따라서 살고 있기 때문입니다.

하지만 우리는 시작할 수 있습니다. 부자들은 자기가 속한 교회에 아낌없이 재물을 바칩니다. 교회는 그것으로 고아와 과부, 병자와 장애인 들을 지원하는데 하느님께 종신서원을 한 이들로 하여금 그 일을 맡아서 하게 합니다. 병원과 학교를 세워서 필요한 이들을 돕는 일은 독신자들에게 맡기고요. 부자들은 이 일로 우쭐거릴 것도 없고 그럴 수도 없습니다. 왜냐하면 받는 이들이 그들의 이름을 전혀 모르니까요. 그들은 다만 교회에 감사할 뿐입니다.

부디, 여러분의 교회마다 이런 식으로 하늘나라 영광이 비춰지기를! ●

21

우리 모두 자기가 하는 일에 대하여 불평을 하기가 쉽습니다. 일이 고되다고, 단조롭고 지루하다고, 휴식 시간이 모자란다고, 일에 싫증이 난다고, 투덜거립니다. 돈이 많아서 일을 그만두었으면 좋겠다고도 생각하지요. 하지만, 실제로 영원히 빈둥거리며 여가를 보내라고 한다면 어떻겠는지 상상해보십시오.

누가 여러분에게 안락한 가구로 가득 찬 대저택을 주었다 칩시다. 그 집에서 여러분은 종에게 고개만 끄덕이면 됩니다. 그러면 산해진미를 담은 접시들이 줄을 이어 눈앞에 차려지는 거예요. 바깥 정원에는 향기로운 꽃이 잔뜩 핀 온갖 나무와 화초들이 가득합니다. 몇 시간쯤, 아니면 몇 날쯤 그런 곳에서 즐거움을 맛볼 수 있겠지요. 그러나 머잖아 여러분은 다시 지루해지고 피곤해질 것입니다. 운동 부족으로 온몸이 뻣뻣해지면서 위장은 음식을 너무 먹어 부어오르고, 도무지 자극 받을 일이 없으니까 머리는 멍하니 아프겠지요. 그 안에서 어떤 일도 할 수 없는 여러분의 대저택이 그대로 감옥처럼 느껴질 것입니다.

하느님께서는 우리로 하여금 일을 해서 먹고 살도록 설계하셨습니다. 우리의 몸과 마음은 오직 땀 흘려 일하는 가운데서만 만족할 수 있습니다.●

22

돈 사랑하는 사람은, 먹잇감을 노리는 들짐승처럼, 맹렬하게 돈을 추적합니다. 친구와의 우정도 그를 가로막진 못하지요. 금이나 은이 생기는 일이라면, 가까운 친구들을 배신하거나 속이거나 약탈하는 짓도 서슴지 않습니다. 양심의 가책도 그를 말리지 못해요. 그는 자신의 양심을, 추운 날 언 손가락처럼, 마비시킬 줄도 압니다. 재물을 모으기 위해서는 집안 식구들까지도 이용해 먹지요.

그의 눈은 자기 때문에 아파하는 이들을 보지 못하고, 그의 귀는 자기 때문에 파멸된 이들의 신음 소리를 듣지 못합니다. 그는 스스로 자유로운 사람이라 여기고 아무 거리낌 없이 이익을 추구합니다. 하지만 사실은 자기 탐욕의 노예요, 탐욕은 그를 다만 비참하게 만들 뿐이지요. 그런즉, 그는 먼저 자기에게 착취당한 자들을 비참하게 하고 그리고 본인을 비참하게 함으로써 이 세상을 두 겹으로 비참하게 만들고 있는 겁니다.

무엇보다 고약한 것은, 그가 자신의 탐욕에 대하여 오

히려 고마워한다는 점입니다. 돈에 대한 갈망이 자기에게 생의 목표와 활력을 넣어준다고 생각하는 거지요. 이런 자세로 사는 한, 그에게는 빠져나갈 구멍이 없습니다.●

23

우리는 석상(石像)이나 목상(木像)을 숭배하는 자들을 우상숭배자라고 비난합니다. 나무나 돌이나 쇠붙이에는 생명이 없고 그러므로 그 속에는 신성(神性)이 깃들어 있지 않다고 말합니다. 실로 우리는 돌이나 나무 따위로 모양을 깎아 세우고 그것을 숭배한다는 생각 자체가 너무나도 터무니없는지라, 그러고 있는 자들을 경멸하여 웃고 맙니다. 하지만, 눈에 보이는 형상보다 훨씬 더 위험한 것이 눈에 보이지 않는 우상들입니다.

그런 우상들 가운데 하나가 바로 권력이지요. 어떤 사람은 자기 자신을 위하여 권력을 행사함으로써 그것을 우상으로 삼는가 하면, 힘 있는 권력자에 빌붙어 그가 시키는 대로 함으로써 자기 양심에 따라서 행동하기를 포기하고, 그러는 가운데 힘 있는 세도가를 우상으로 만드는 자들도 있습니다.

명예 또한 보이지 않는 우상이지요. 말솜씨가 좀 있는 사람 가운데, 청중의 박수 소리 듣기를 좋아하여 남들의 칭찬을 우상으로 삼는 자들이 있습니다. 그런가 하면,

말 좀 하는 사람을 무슨 신이나 되는 양 떠받들고 그의 말을 신의 말로 떠받들면서 별난 쾌감을 느끼는 자들도 있더군요.

내가 말하고자 하는 것은, 나무나 흙으로 만든 형상들보다 사람 가슴속에 숨어 있는 것들이 훨씬 더 위험한 우상이라는 사실입니다. ●

24

세상에는 두 가지 유형의 부자가 있습니다. 하나는 가진 재물을 쓰는 데 재미를 붙여 좋은 집에 아름다운 가구들을 들여놓고 값비싼 음식을 먹습니다. 다른 하나는 가진 재물을 지키는 데 재미를 붙여 허름한 집 안에 금은보화로 가득 채운 금고를 감춰놓고 책상에 앉아 돈 세는 맛으로 살지요.

어느 부자가 더 쉽게 구원받을 수 있겠습니까? 물어볼 것도 없이 앞의 부자지요. 자기 돈 쓰는 것을 즐기는 부자는 자주 사람들을 집으로 초대하여 풍성한 잔치를 벌입니다.

이렇게 자기를 열어놓는 사람은, 거기에 머물러 있지 않고 나아가 자기 재물을 다른 사람들과 더불어 나누려는 순수한 열망에 젖을 가능성이 있어요. 그렇게 사람이 바뀔 수 있다는 말씀입니다.

그러나 재물을 쌓아둘 줄만 아는 구두쇠는 그 가슴이 어둡게 닫혀 있어서, 그리로 밝은 빛이 들어올 가능성은 거의 없습니다.

어떤 부자가 초대한다면, 그를 회개시킬 수 있기를 바라는 마음으로, 나는 그 초대를 받아들일 것입니다. 그러나 구두쇠는 자기 집안이나 가슴에 누구를 초대하는 법이 결코 없지요. ●

25

다른 사람들의 구원에 무관심한 그리스도인보다 더 쌀쌀맞은 사람이 있을까요? 정말이지 나는, 그런 사람이 참된 그리스도인일 수 있겠는지 의심이 갑니다. 그리스도의 제자가 되는 것은 그분이 가르치고 보여주신 사랑의 법에 복종하는 것입니다. 그 법에 복종하면 헤아릴 수 없고 묘사할 수 없는 기쁨을 맛보게 되지요. 사랑은, 다른 사람에게 가장 좋은 쪽을 바라는 것이요, 그들과 사랑의 기쁨을 더불어 나누는 것입니다.

그래서 그리스도인은 다른 사람들에게, 사랑의 법과 그 법을 따를 때 맛보는 기쁨에 대하여 일러주어야 한다는 의무감을 안고 살아갑니다. 남들에게 말하는 것이 쑥스러운 이들도 많이 있는 줄 압니다. 그럴 경우에는, 사랑으로 하는 행위가 가장 훌륭한 증언이 될 것입니다. 물론, 남에게 말하는 것이 쑥스럽지 않은 이들은 기회가 있을 때마다 사랑이 주는 기쁨을 열심히 말해야겠지요. 반드시 우아한 말투와 고상한 단어를 사용해야 하는 것은 아닙니다. 배우지 못한 사람들도 얼마든지, 그들의 말에 함께하시는 성령의 도우심으로, 사랑의 기쁨을 전할 수 있습니다. 듣자니, 진실하고 소박한 말로 주인을 회심시킨 노예들로 있다더군요.●

26

 노예제도는 정말 끔찍한 물건입니다. 한 사람이 다른 사람을 돈으로 사고파는데 그것을 법이 보호해준다는 것은 분명 잘못된 일입니다. 사람은 자기 목숨도 소유하지 못하는 존재거늘 하물며 어떻게 남의 목숨을 소유할 수 있단 말입니까? 하지만, 그렇다고 해서, 내가 시방 노예들이 주인에게 불복해야 한다거나 도망쳐야 한다고 말하는 것은 아니올시다.

 노예로 된다는 것, 다른 사람의 합법적 소유물로 된다는 것은, 어떤 식으로든, 그 영혼이 구원을 받는 데 장애가 될 수 없습니다. 오히려, 주어진 임무를 겸손하게 다함으로써 노예는 자기 영혼을 한 걸음 앞으로 성숙시켜 나아갈 수 있습니다. 비록 그에게 주어진 일이 그 자체로서 아무런 의미가 없다 해도, 그 일을 하는 태도만큼은 본인에게 매우 중요한 것입니다.

 마찬가지로, 주인들 또한 노예를 풀어주어야 한다는 강박관념에 눌려 살 필요는 없습니다. 경우에 따라서 어떤 노예가 스스로 살아가기에 충분한 지혜와 능력을 지녔다면 그를 풀어주는 게 옳다고 봅니다. 그러나 만일 그가 너무 가난하고 나약해서 스스로 살아갈 수 없다면, 그냥 노예로 부리면서 잘 보살펴주는 것이 낫겠지요. ●

27

전쟁 또한 참으로 끔찍한 물건입니다. 땅과 세력과 재물을 취하고자 한 나라가 다른 나라를, 한 족속이 다른 족속을 공격한다는 것은 분명 잘못된 일이에요. 전쟁의 희생자들은 불구자가 되고 죽어가는데 승전했다고 하여 잔치를 벌이고 만세를 부르는 것은 두 배로 잘못이지요. 전쟁에 영광이란 있을 수 없는 것입니다. 전쟁은 오직 비참만을 초래합니다. 그렇다고 해서 군에 복무하는 것이 명예롭지 못한 직업이라고, 무기를 소지하는 것이 구원에 장애가 된다고 말하는 건 아니올시다.

모든 황제, 왕, 군주는 약탈자와 살인자들로부터 자기 영토와 백성을 지키기 위해 군대를 보유할 필요가 있습니다. 국제적으로든 국내적으로든 평화를 지킬 병사들이 있어야 해요. 그런데, 만일 어떤 나라 왕이 제 욕심 때문에 이웃 나라를 침략하라고 사악한 명령을 내린다면, 어떻게 해야 할까요? 그리스도인 병사라면 죽을 각오를 하고서 명령에 불복해야 하는 것 아닙니까?

그럴 경우에 그는, 자기 가족을 부양하지 않고 내버려

둔 악행에다가 침략군에 가담한 악행을 보태는 것입니다. 우리 가운데 누구도 그의 결단에 대하여 섣부르게 판단할 자격은 없습니다만, 아무쪼록 성령께서 그의 양심을 이끌어주십사고 기도해야겠습니다.●

28

하느님은 만인을 영적으로 평등하게 지으셨습니다. 모든 사람이 선악 간에 똑같은 성품을 지녔거든요. 하느님께 복종할 것이냐 아니면 그분을 부인할 것이냐, 둘 중에 하나를 선택하는 데도 모든 사람이 다를 바가 없습니다.

그러나 한편, 우리는 아주 불평등한 점도 많아요. 어떤 사람들은 높은 지능을 가졌는데, 지능이 아주 낮은 사람들도 있습니다. 또, 타고난 몸이 건강하고 힘 있는 사람들이 있는가 하면 약골로 태어나서 병치레를 하느라고 바쁜 사람들도 있지요. 어떤 사람은 용모가 아름답고 매력이 넘치는데 어떤 사람은 그저 그렇습니다. 어떤 모양으로든 타고난 게 좀 있는 사람들이 그렇지 못한 사람들을 업신여겨서는 안 됩니다.

사람들은 저마다 공동체 안에서 특별한 역할과 위치를 차지하게 되어 있고, 하느님께서 그 점을 감안하여 각자에게 필요한 재능이나 솜씨를 선물로 주신 겁니다. 그러니 어떤 사람이 여러분보다 지능이 높거나 힘이 세다고 하여 불평할 것 하나 없습니다. 오히려 그들의 지능이 높고 힘이 센 데 대하여 감사하십시오. 그 덕(德)을 여러분이 입게 될 테니까요. 그러고 나서 본인에게 물어보세요.

"하늘이 내게 준 선물은 무엇인가? 이 공동체 안에서 내가 차지할 자리는 어디인가?"

이 질문에 대답을 얻었거든, 이제부터 그 대답에 따라서 행동하십시오. 모든 불만과 유감이 녹아 없어질 것입니다. ●

29

내가 지금 살고 있는 이 집은 내 것일까요? 아닙니다. 이 집은 그 안에 몸담아 사는 동안 하느님께서 내게 빌려주신 물건입니다.

내가 입은 이 옷은 내 것일까요? 아닙니다. 이 옷은 낡아서 해지거나 나보다 헐벗은 이에게 벗어줄 때까지 하느님께서 내게 빌려주신 물건입니다.

지금 여러분이 보고 있는 이 몸뚱이는 내 것일까요? 아닙니다. 이 몸은 내가 태어나던 날 하느님께서 빌려주셨다가 내가 죽는 날 도로 가져가실 물건입니다.

내가 지금 하고 있는 말을 구성하여 만들어내는 머리는 내 것일까요? 아닙니다. 이 또한 내 생일에 하느님께서 빌려주셨다가 죽을 때 도로 가져가실 물건입니다.

그러면, 나는 무엇을 가진 걸까요? 도대체 내 것이라고 할 만한 게 있기는 한 겁니까? 있지요. 내가 살아 있는 동안 성장하고 내 안에서 아름답게 피어나는 덕목(德目)들, 그것들은 내 것입니다. 내가 사랑 안에서 성숙한 그만큼 나는 사랑을 가진 거예요. 믿음 안에서 성숙한 그만큼 나는 믿음을 가진 겁니다. 온유함 안에서 성숙한 그만큼 나는 온유함을 가진 거지요.

  이것들은 없어지지 않습니다. 왜냐하면 하느님께서 그것들로 하늘나라가 가득 차기를 바라실 테니까요. 이 모든 덕목들을 그 안에 담고 있는 내 영혼도 물론 내 것이지요. ●

30

남에게 자선을 베풀 때, 여러분은 무엇을 남에게 주는 것이 아니라 하느님께 빚을 갚는 것입니다. 여러분이 소유하고 있는 모든 물질이 본디 하느님께로부터 온 것입니다. 그분이 만물을 지으셨으니까요. 여러분의 영적, 도덕적 덕목 또한 모두가 그분의 은총으로 주어진 것입니다. 따라서 여러분은 모든 것을 하느님께 빚진 사람입니다. 나아가서, 하느님께서는 사람답게 사는 법을 보여주시고 소유한 물질을 사용하는 방법과 영적으로 성숙한 사람이 되는 길을 보여주시고자 당신 아드님을 우리에게 보내셨지요.

여러분의 물질적, 정신적 소유물이라는 것이 사실 하느님께는 아무 가치도 없는 것들이라고 할 수 있습니다. 하느님께서는 당신의 영광을 드러내시고자 우주를 지으셨어요. 그러나 당신 아드님이 우리에게 주신 선물은 값을 매길 수 없을 만큼 값진 것입니다. 우리를 살리기 위해서 스스로 고난당하시고 죽으셨으니까요. 그리스도께서 십자가에 달려 겪으신 아픔과 고뇌의 무게는 우리에게 쏟으신 하느님의 사랑만큼 무거운 것이었습니다.

그런 까닭에, 물질이든 정신이든, 우리에게 있는 것들을 마땅히 가질 만한 것으로 여겨서는 안 됩니다. 그럴 수는 없는 일이에요. 오히려 날마다 순간마다 그것들을 우리에게 베푸신 하느님께 감사드려야 합니다. 일단, 감사하는 마음이 우리를 사로잡으면, 모든 것을 아낌없이 있는 그대로 하느님께 바치고 싶어지겠지요.

가난한 이들을 도와줄 때, 자신의 행위를 자랑스럽게 여기는 유혹에 걸려들지 말아야 합니다. 반대로, 우리가 받은 것들에 대하여 아주 조금 감사를 표시했을 뿐이라고, 좀 더 정확하게 말하여, 하느님이 우리에게 베푸신 크나큰 은총을 아주 조금 갚아드렸을 뿐이라고, 그렇게 생각해야 할 것입니다. ●

31

밭에 나가, 스스로에게 물어보십시오.

"이 밭이 누구 밭인가?"

여러분은 대답하겠지요.

"이 밭은 내 밭이다." 또는 "이 밭은 누구누구네 밭이다."

그러면 또 이렇게 물어보십시오.

"이 밭은 과거에 누구 밭이었던가?"

만일 여러분이 밭의 역사를 안다면 몇 사람 이름이 떠오르겠지요. 그러면 이내, 사람이 무엇을 소유한다는 게 얼마나 덧없는 일인지 깨닫게 될 것입니다.

그 밭은, 오랜 세월, 자기가 밭의 임자라고 주장하는 수많은 사람들을 보아왔습니다. 그 수많은 사람들이 저마다 밭을 갈고 씨를 뿌리고 열매를 거두었겠지요. 만일 밭에 지능이 있다면, 과연 자기가 밭의 소유권을 주장하는 자들 것이라고 스스로 생각할까요? 물론, 아닐 겁니다. 아마도 밭은 자기가 밭의 임자라고 생각하고, 소유권을 주장하는 자들은 그저 방문객쯤으로 받아들였을 것입니다.

 이 땅에 사는 동안 우리는 자기 자신에 대하여 이렇게 생각해야 합니다. 나는 잠시 이곳에 머물며 배울 것을 배우다가, 기간이 다하면, 영원토록 이어지는 하느님 나라를 향하여 다시 길을 떠나야 하는 나그네에 지나지 않는다고. ●

32

어떤 이가 집을 짓기로 마음먹습니다. 단단한 반석에 닿을 때까지 땅을 파고서 그 위에 기초를 놓습니다. 커다란 돌을 모아서 일정한 크기와 모양으로 다듬고 그것들을 쌓아 벽을 세웁니다. 숲에 들어가서 나무를 잘라다가 서까래를 만들어 지붕을 덮습니다. 이윽고 모든 작업이 완료됩니다.

그는 한 걸음 물러서서 자기가 이루어낸 바를 흐뭇하게 바라보며 속으로 중얼거립니다.

'그 무엇도 이렇게 단단한 건물을 무너뜨리진 못할 거야. 이 집은 만년불패다!'

확실히 그는 손재주가 대단한 사람입니다. 하지만 영(靈)적으로는 재주가 메주인 사람이군요. 비록 그 집이 만년불패로 오래 서 있다 한들, 그게 그와 무슨 상관입니까? 며칠 만에 질병으로 쓰러지거나 사고로 목숨을 잃을지도 모르는데 말입니다. 혹 천수를 누린다 한들, 천수를 누리고 나서 마지막 숨을 거둘 때 그 집에 무슨 가치가 있겠습니까? 차라리 흙과 나무로 조촐한 움집을

장만하고 남은 시간을 자기 영혼 구하는 일에 전념한다면 얼마나 좋을까요. ●

33

 자기는 물질 소유에 아무 관심 없다고 주장하는 그리스도의 제자들이 많이 있습니다. 그들은 허름한 오두막에서 거친 음식을 먹으며 행복하게 살아갑니다. 또한 그들은, 세속 권력에도 관심하지 않는다고 주장합니다. 높은 자리에 오르고 싶은 마음은 조금도 없고, 비천한 일터에서 그저 그런 일을 하며 행복하게 살아갑니다.

 그러나 그들에게는 아직 떨쳐버리지 못한 세속의 욕망이 하나 있습니다. 덕망 있는 사람으로 세상에 알려지고 싶은 마음이지요. 그들은 일반 사람들과 성품이 다른 사람으로 대접받기를 바랍니다. 온유하고 정직하고 성실하고 자기를 부인하는 사람으로 존경받기를 바라는 거예요. 사람들에게 본인의 성품을 보여주려고 무슨 행동을 따로 하지는 않더라도, 누가 자기를 우러러보고 있는 줄 알면 기분이 좋아지지요.

 그래서 누가 자기를 오해하여 헐뜯거나 비난하면 맹렬하게 화를 내는 겁니다. 그들은 부자들이 자기 재물을 지키는 것과 똑같이 사납게 자신의 명망(名望)을 지킵니다. 명망을 포기하는 것에 견주어 재물이나 권력을 포기하는 것은 차라리 쉬운 일이지요. 터무니없는 비난을 받으면서도 마음의 평정을 유지하는 것이야말로, 신앙의 깊이와 높이를 재어보는 마지막 시험이라 하겠습니다.●

34

안락한 침상에 누워 신선한 과일과 달콤한 고기를 우적우적 씹고 있는 부자를 생각해보십시오. 방마다 불이 환하게 켜져 있습니다. 밖에 비가 내립니다. 지붕이 새는지 방바닥으로 빗방울이 뚝뚝 떨어집니다. 하인을 시켜 빨리 지붕 새는 곳을 막으라고 합니다. 하인이 지붕을 고치자 빗방울은 더 이상 떨어지지 않고, 그는 계속해서 안락한 침상에 누워 맛있는 음식을 먹습니다.

그가 기도할 수 있다고 보십니까? 물론, 아닙니다. 그의 마음은 재산을 유지하고 지키는 데 쏠려 있고, 작은 손실이 생겨도 그것을 서둘러 메우느라고 바쁩니다. 그래서 그에게는 하느님의 영(Spirit)을 받아 모실 공간이 없는 거예요.

이번에는 부잣집 문간에 누워, 부잣집에서 버리는 음식 찌꺼기를 차지하려고 동네 개들과 다투는 거지를 생각해봅시다. 비가 내립니다. 비를 피할 곳이 없는지라 옷이 비에 흠뻑 젖고 추워서 몸이 부들부들 떨립니다.

그가 기도할 수 있을까요? 글쎄올시다. 아마, 못할 거예요. 하루하루 목숨 부지하는 데 마음이 쏠려 있고, 게다가 차가운 비까지 위협을 가하고 있는데, 그 속에 하느님의 영을 모실 공간이 마련되어 있겠습니까?

  기도는, 경제 정의가 이루어진 세상에서 맺어지는 값진 열매입니다. ●

35

한편으로 우리는, 부자들이 마음을 바꾸어 움켜잡고 있던 재물을 스스로 가난한 이들에게 나눠줄 때에만 경제 정의가 이루어진다는 사실을 알고 있습니다. 반면에 부자들은 그 마음이 재산을 모으고 지키는 데 온통 사로잡혀 있기 때문에 종교나 도덕에 대하여 생각할 여유가 없다는 사실도 알고 있습니다. 역설이지요. 우리는 어떻게 이 역설을 깨뜨릴 수 있을까요?

모든 부자들이, 살다보면, 재물이 행복을 가져다주지 못한다는 사실, 오히려 삶을 더욱 비참하게 만들 뿐이라는 사실을 문득 깨닫게 되는 그런 순간들이 있게 마련입니다. 물론 그 순간들은 매우 드물게 찾아오고 또 아주 짧게 스쳐 지나가고 말지요.

그러나 하느님의 은총으로 진실을 깨친 우리는 바로 그 순간들을 놓치지 말고 부자들에게 진실을 일깨워줌으로써 인생의 방향을 바꿀 수 있도록 도와줄 준비가 되어 있어야 합니다. 가난한 이들과 가까이 사귀는 만큼 부자들과도 가까이 사귀어야 하는 이유가 여기에 있습니다. 우리는 부자들을 친구로 삼아 그들의 신뢰를 얻어야 합니다. 그래서 기회가 생길 때마다 놓치지 말고 그들에게 진실을 일깨워줄 준비가 되어 있어야 합니다.●

36

기술(art)에는 두 가지 종류가 있습니다. 하나는 사람이 살아가는 데 없어서는 안 되는 기술로서, 곡식을 기르고 옷을 만들고 집을 짓는 기술들이 그런 것들이지요. 음식, 옷, 집이 없으면 우리는 죽을 겁니다. 그러기에 이런 것들을 만들어내는 기술은 고귀하고 훌륭한 기술이라 하겠습니다.

한편 수를 놓거나 과자를 굽거나 조각을 새기는 등 인생을 좀 더 즐겁게 하기 위한 기술들이 있어요. 나는 이런 기술들이 쓸모없다고 보지 않습니다. 예컨대, 훌륭한 조각품들과 수예 작품들로 예배당을 꾸미는 것은 옳은 일이지요. 달콤하고 맛있는 음식으로 축제를 즐기는 것 또한 잘못이 아닙니다. 비록 가난한 집안이라 하더라도 어쩌다가 한두 가지 사치를 부려 삶의 즐거움을 맛보는 것은 좋습니다.

하지만, 사치가 일상이 되면 그건 부끄러운 일이지요. 하느님의 성전을 꾸미는 장식품들로 일반 가정을 꾸민다면, 그것이 주는 쾌락은 티끌로 바뀌고 오히려 역겨움을 안겨줄 따름입니다.

　대다수 사람들은 근본적인 기술이 필요한 일에 종사하고 소수 사람들이 즐거움을 주는 일에 필요한 기술을 부리며 살아가는 사회, 그 사회가 건강하고 좋은 사회입니다. 반대로, 대다수 사람들이 부자들의 사치품을 만드는 일에 종사하는 그런 사회는 부패하여 퇴락하고 말 것입니다.●

37

아무것도 소유하지 않은 사람—또는 좀 더 정확하게 말해서, 아무것도 소유하기를 바라지 않는 사람, 무소유를 자신의 소유로 여기는 사람—이야말로 마음으로 모든 것을 가진 사람입니다. 그는 아름다운 골짜기를 바라보며, 골짜기의 법적 소유주가 누구든 상관없이, 그 아름다움을 즐기지요. 잘 지은 건물을 볼 때도 그냥 그 구조물의 예술성에 놀랄 뿐입니다. 누군가가 빌려준 연장을 잘 사용할 수 있으며, 다루기 좋게 만들어진 연장에 감탄을 아끼지 않습니다.

 소유한 것은 많은데 자기가 소유한 것에만 관심하는 그런 사람은 마음으로 아무 가진 것이 없는 사람입니다. 법적으로 자기 소유가 되기 전에는, 하느님이 지으신 세계의 어느 한 부분도, 그 아름다움에 감탄할 줄을 모르지요. 자기 건물이 되지 않는 한, 아무리 아름다운 구조물의 예술성도 그를 즐겁게 해주지 못합니다. 자연의 아름다움이나 건물의 예술성은 그의 가슴에 시기와 질투심만 안겨주는, 어디까지나 남들의 것일 뿐입니다. 그리고 그의 소유물이 된 것들조차도 계속해서 그를 즐겁게 해주지는 못합니다. 하나를 차지하는 바로 그 순간 어떻게 하면 다른 것을 가질 수 있을까 골몰하게 되니까요.

   가진 것이 없는 가난한 사람이 진짜 부자요, 가진 것이 많은 부자는 진짜 가난한 사람입니다. ●

38

마음으로 가난해지는 비결은 사용권과 소유권을 분별하는 데 있습니다. 자기가 무엇을 소유했다고—자기가 소유주라고—생각하는 사람은, 그것이 어떻게 사용될 것인가를 결정할 권리가 자기한테만 있다고 주장합니다. 그래서 그것을 본인 스스로 사용하거나 누구에게 권한을 주어서 사용하게 하지요. 그러나 이런 소유권 주장이야말로, 사람의 영혼이 하느님께로 행진하는 것을 가로막기 때문에 무서운 함정입니다.

하느님께로 나아가고 싶은 사람은 그 무엇도 자기 것이라는 생각을 갖지 말아야 합니다. 모든 것을 하느님한테서 빌려온 것으로 여겨야 해요. 자기 몸까지도 말입니다. 빌려온 물건은 일정 기간 사용하다가 때가 되면 돌려주어야 하지요. 집과 논밭, 옷가지와 가구들, 이 모두를 우리는 빌려온 것으로 알고 써야 합니다. 그것들은 이 땅에 잠깐 머물면서 쓰라고 하느님이 빌려주신 것들이기에 죽는 순간 돌려드려야 해요.

마음으로 가난한 사람이 되라는 말은 생활필수품마저

없는 궁핍한 신세가 되라는 말이 아닙니다. 아무것도 자기 소유로 여기지 말고, 자기한테 있는 모든 것을 잠시 빌려온 것으로 알고 쓰라는, 그런 뜻이올시다. ●

39

세상에는 재물이 많은 사람도 있고, 권력에 부자인 사람도 있습니다. 권력에 부자인 사람은, 재물 많은 사람이 황금 가방을 들고 다니듯이, 권위를 어깨에 메고 다니는 것 같습니다. 언제 어디서나 사람들은 그를 지도자로 받들고, 그에게 결정을 내려달라고 부탁하지요. 대부분 사람들이 무슨 일을 결정할 때 남들이 어떻게 볼까 눈치를 보며 머뭇거리는데, 권력에 부자인 사람들은 쉽게 결단을 내리는 것처럼 보입니다.

재물과 마찬가지로 권력도 좋은 일에 쓰일 수도 있고 나쁜 일에 쓰일 수도 있습니다. 권세 있는 사람은 자기 이익을 위하여 사람들을 조종하기도 하고 남들을 착취하기도 하지요.

무엇보다도 위험한 것은 권세 있는 사람이 자기 자신을 위해서 권력을 행사하고 사람들이 자기한테 굽실거리는 것을 즐기는 것입니다. 그러나 권세 있는 사람이 세상 사람들을 정의로운 길로 인도할 수도 있지요. 자기 이익을 생각하지 않고 물심양면 다른 이들에게 유익한

쪽으로 결단을 내릴 수 있는 거예요. 자기보다 먼저 남들에게 필요한 것을 채워주는 세도가야말로 진정한 믿음의 용사라 하겠습니다. ●

4c

여러분의 도시와 나라를 다스리는 사람들을 보십시오. 그들 가운데는 그 자리에 앉을 만한 자질이 없어 보이는데 어쩌다가 세도가 집안에 태어났거나 상급자가 베푼 은전으로 권세를 부리는 이들이 있을 겁니다. 그런가 하면, 타고난 권위가 있어서 사람들의 신임을 얻고 존경도 받는 그런 사람이 있지요. 어떤 이들은 태어나면서부터 지혜가 있어서 복잡한 문제를 쉽게 풀어줍니다.

그러나 그들의 타고난 재능이 무엇이든 간에 그 모든 재능을 초월하는 한 가지 능력이 있습니다. 옳은 것과 그른 것을 분별하는 지혜와, 옳은 것을 선택하는 능력이 그것이지요. 이 도덕적 능력은 태어나면서부터 주어진 무엇이 아닙니다. 그래서 어떤 사람은 그것을 지니는데 어떤 사람은 지니지 못하는 거예요.

도덕적 분별 능력은 모든 사람 마음에 뿌려진 씨앗과 같습니다. 그 씨앗은 성찰, 교육, 기도, 연습을 통해서만 자라나지요.

우리네 지도자들이 타고난 재능이 많기보다는 도덕적

능력이 풍부하여, 자기 권위와 지혜를 뽐내지 않고 그것들을 본디 목적에 맞도록 활용한다면 그보다 좋은 일이 없겠지요.●

41

지금 왕좌를 차지하고 있는 모든 통치자들이 하느님께서 뽑아 세운 자들입니까? 저 모든 황제와 왕과 왕자들이 법에 의하여 선택된 자들인가요? 그렇다면 저들이 제정한 모든 법률과 규정이 선한 것이요, 따라서 이의 없이 복종해야 할 텐데, 과연 그렇습니까? 대답은, '아니'올시다.

하느님께서 모든 사회에 통치자를 두신 것은 그들로 하여금 질서를 유지하여 사람들이 평화롭게 살도록 하기 위해섭니다. 하느님께서는 통치자들에게, 사회 질서를 깨뜨리는 자들을 잡아 옥에 가두라고 군대를 허락하신 거예요. 이 원리를 좇아서 백성을 다스리는 통치자라면 하느님께서 그와 그의 군대를 축복하시고 이끌어주실 것입니다.

그러나 많은 통치자들이 주어진 권력을 남용하여 거대한 재산을 모으느라 백성을 착취하고, 저들의 악에 저항하는 사람들을 부당하게 처벌하며, 이웃 나라와 불의한 전쟁을 일으키고 있는 게 현실이지요. 그런 자들은 하느님에 의하여 뽑힌 자들이 아닙니다. 오히려, 의로운 통치자가 차지해야 할 자리를 빼앗은 자들이라 하겠습니다.

그리고 저들의 법이 그릇되었다면 우리는 마땅히 그것에 불복해야 합니다. 모든 것을 다스리는 최고의 권위는 땅의 법이 아니라 하느님의 법이에요. 만일 이 두 법이 서로 충돌한다면, 우리는 당연히 하느님의 법을 따라야 합니다.●

42

정부(政府)에는 세 가지 유형이 있습니다. 첫 번째 유형의 정부는 한 개인이나 집단이 법과 제도를 만들어 선포하면 모두가 거기에 복종해야 합니다. 두 번째 정부는 모든 사람이 스스로 주인이 되어 자기 뜻대로 살지요. 세 번째 정부는 모든 사람이 하느님을 통치자로 모시고 사랑으로 가야 하는 그분의 길을 따르고자 노력합니다. 이 세 번째 정부야말로 우리가 동경할 만한 이상형인 바, 우리는 그런 정부를 위해서 기도해야 합니다.

만약에 사람들이 저마다 진심으로 하느님의 길을 따르고자 한다면, 우리는 두 번째 유형의 정부를 가질 수 있겠지요. 사람마다 원하는 바가 그대로 하느님의 길을 따르는 것이라면, 그런 사람들이 만드는 세상은 완벽한 조화를 이루게 될 테니까요.

그러나 사회의 모든 구성원들이 옹글게 하느님의 길을 따르려 애쓰는 그런 세상은 아직까지 한 번도 존재하지 않았습니다. 언제 어디서나 탐욕과 이기심에 사로잡혀 살아가는 인간들은 있게 마련이지요. 그래서 법과 제도를 만들어 사람들에게 강요하는 개인이나 집단이 필요한 겁니다.

첫 번째 유형의 정부가 존재하는 것은 인간의 죄와 나약함에 대한 암묵적 용인(容認)이라 하겠습니다. 이런 정부에서 우리가 할 수 있는 일은, 법을 만들어 집행하는 이들이 사리사욕을 채우기 위해서가 아니라 전체 백성을 위해서 그런 일을 하도록 확실하게 못박아두는 일입니다. ●

43

우리는 왕이나 군주에게 부자와 빈자 사이의 불평등을 바로잡아달라고 부탁해야 할까요? 부자의 재물을 빼앗아서 가난한 이웃에 나눠줄 것을 군인들에게 요구해야 할까요? 황제에게는, 부자들한테서 많은 세금을 거두어 그들의 생활수준을 가난한 이들의 생활수준으로 끌어내리고 그렇게 거둔 세금으로 모든 사람에게 공평한 유익을 안겨달라고 탄원해야 하는 걸까요?

그렇게 힘으로 강제된 평등으로는 아무것도 이루지 못합니다. 오히려 더 많은 해를 끼칠 따름이지요. 몰인정한 가슴과 냉철한 머리를 두루 갖춘 자라면 곧 다시 부자 되는 방법을 찾을 테니까요. 그보다 더 고약한 점은, 재물을 빼앗긴 부자들이 억울하고 분한 마음으로 비통해하는 한편 공짜로 재물을 얻은 가난한 자들 또한 조금도 고맙게 생각하지 않으리라는 사실입니다.

힘으로 강제된 경제 평등은 사회에 도덕적 유익을 끼치지 못할 뿐 아니라 실제로는 오히려 도덕적 해악을 끼치게 마련입니다. 경제 정의를 강제로 이룰 수는 없는 일이에요. 그런 방식으로는 마음에 변화가 따라오지 않거든요. 참된 정의를 이루는 유일한 길은, 먼저 사람들 마음에 변화를 일으키고 그래서 그들로 하여금 기꺼이 자기 재물을 나누도록 하는, 거기에 있습니다. ●

44

교회는 어떻게 다스려져야 할까요? 교황은, 황제처럼, 모든 신자가 복종해야 할 법령을 제정해야 할까요? 주교는, 왕이나 군주처럼, 이의 없이 복종할 것을 백성에게 요구해야 할까요? 사제는, 군대 지휘관처럼, 교황과 주교의 명을 받들고 죄인에게 벌을 내려야 할까요?

교회가 우선적으로 고려해야 할 문제는, 어떻게 죄를 벌할 것이냐가 아니라 어떻게 죄를 짓지 않도록 미리 막을 것이냐—입니다. 일단 누가 죄를 지었을 경우에는 그로 하여금 죄를 자백하고 뉘우쳐서 결국 형벌이 필요 없게끔 하는, 그것이 교회가 할 일이지요. 이것은 세속 국가에서 범죄자를 다루는 것과 너무나도 다른 방식입니다. 그만큼 교회에는 다른 통치 방식이 요구되는 거예요.

무엇보다도, 교회 신자들이 마주하여 대답해야 할 분은 사제도, 주교도, 교황도 아닌 바로 하느님이십니다. 그런즉, 교회의 수장(首長)이 해야 할 임무는 법령을 제정 선포하는 것이 아니라, 신자들의 영혼을 고무하고 양심을 살아 있게 하여 그들 스스로 하느님의 법에 따르도록 북돋아주는 것입니다. 한마디로, 교회 지도층에 있는 자들은 자신을 지배자로 여기지 말고 설교자로, 사목자로, 여길 일입니다.●

45

 누가 교회의 지도자로서 적당한 인물일까요? 우리 영혼을 보살펴줄 사람에게서 어떤 자질과 성품을 기대해야겠습니까? 교회의 장래 지도자들을 그가 지닌 능력, 이를테면 설교를 잘하거나 병들어 죽어가는 사람에게 적절한 말을 골라서 해주거나 성경 말씀을 전문가답게 해설하는 능력 따위로 평가해야 하는 걸까요? 물론, 이 모두가 중요합니다. 이런 능력을 타고나지 않았다면 장래 지도자로 뽑히지도 않았겠지요.

 그러나 이 모든 능력들은, 영적이고 도덕적인 성품에 그 뿌리를 든든히 두지 않는 한, 아무것도 아닙니다. 아니, 실은 오히려 해악을 끼치기 쉽습니다.

 말솜씨가 뛰어나서 자기가 본 환상으로 회중을 감동시키는 사람이 있다 칩시다. 그런데 그가 본 환상이 사악한 마음에서 나온 것이라면, 그 사람은 회중에게 무서운 상처를 입히고 많은 사람을 악으로 돌아서게 할 것입니다. 지능이 뛰어난 어떤 사람이 성경 말씀을 비틀어 본인의 사악한 욕심을 채우는 데 쓴다면, 사람들로 하여금 선을 악으로, 악을 선으로 믿게 만들 거예요. 달콤하고 부드러운 목소리로 낙심한 사람들에게 위안을 줄 수 있는 사람이 있다 칩시다. 그런데 그가 하느님의 종이 아니라 악마의 심부름꾼으로서 마지막 숨을 거두는 사람에게 다가간다면 어떻게 될까요? 그런 인간이 존재한다는 상상만으로도 모든 믿는 자들 가슴에 두려움이 일 것입니다. ●

46

어떤 사람이 과연 하느님에 의하여 교회 지도자로 부름 받았는지 그렇지 않은지를 판단하는 방법은, 첫째 그의 도덕적 자질을 살펴보는 것입니다. 궁핍한 사람들에게 너그러운가? 자기보다 약한 사람들에게 부드럽고 따뜻한가? 자기보다 못한 사람들에게 잘 참아주는가? 남들에게 성실하고 착실한 벗이 되어주는가? 물론, 너그럽고 부드럽고 잘 참아주고 성실하고 착실하지만 그런데도 지도자로 부름받지 못한 사람들은 많이 있지요.

둘째, 그의 영적 자질을 살펴보는 거예요. 때를 정해놓고 꾸준히 기도하는가? 조심스럽게 성경을 읽는가? 하느님의 뜻을 여쭙고 그 뜻에 따르고자 진지하게 노력하는가? 물론, 진심으로 하느님을 사랑하지만 교회의 지도자로 부름받지 못한 사람들도 많이 있지요.

그러나 참된 교회 지도자임을 보여주는 한 가지 자질이 있습니다. 그는 과연 겸손한 태도로 마지못해서 자신의 능력을 발휘하고 동시에 남들의 능력을 인정해주는가?

교회 지도자가 해야 할 가장 기본적인 임무는, 자기 지도를 받는 사람들이 하늘로부터 받은 영적 은사를 알아보고 전체 회중에 유익한 쪽으로 그 은사들을 활용하게끔 격려하는 것입니다. 남들의 능력과 그들에게 주어진 하늘의 은사를 인정하고 그것들이 꽃으로 피어나는 것을 겸손하게 기뻐하는, 바로 그 사람이 교회를 이끌기에 적합한 인물입니다.●

47

목자와 양떼의 관계에 있어서 목자가 양떼인 신자들에게 자기 사랑을 보여주는 것만으로는 충분치 못합니다. 그는 자기에 대한 그들의 사랑을 받아들일 줄도 알아야 해요.

가끔, 신자들에게 대단한 너그러움과 따스함을 베풀면서 거꾸로 그들이 자기에게 베푸는 너그러움과 따스함에는 눈이 먼 사제들을 보게 되는데, 그건 일종의 교만입니다. 마치 사랑의 독점권을 주장하려는 것처럼 말입니다. 사제가 자기에게 보여주는 신자들의 사랑에 감사를 표하면 그로써 그들의 덕을 견고하게 해주면서, 더욱 용기를 내어 그리스도인의 순례를 계속하라고 격려해주는 셈이지요.

이는 사제와 신자들 사이에서만 그런 게 아니라 다른 모든 인간관계에서도 마찬가지올시다. 친구들에게 사랑을 베풀 줄만 알고 그들의 사랑을 받을 줄 모르는 그런 사람은 진정한 친구가 아닙니다. 사랑하는 친구 사이는 양쪽이 사랑을 주고받을 때 가능하지요. 서로 상대방의 사랑을 인정해줘야 하는 거예요.

참 목자면서 친구이신 예수님은 당신 사랑을 사람들에게 쏟아 부으시기만 한 게 아니라 몸소 그들에게 신세를 지셨습니다. 그분은 아무것도 소유하지 않으셨고 그래서 친지들과 제자들의 친절에 의존하여 하루하루 살아가야 하셨지요. 그렇게, 당신이 얻은 바에 감사하심으로써 그들을 당신의 참된 친구요 제자로 삼으셨던 것입니다. ●

48

참된 우정을 알아보는 한 가지 방법은 한 친구가 다른 친구를 책망할 수 있는지 알아보는 것입니다.

우리는 모두 시시때때로 잘못을 저지릅니다. 그러고는 자기가 저지른 잘못을 못 본 척하거나 변명하거나 아예 잘못을 저지르지 않았다고 시치미를 떼기도 하지요. 그럴 때 우리에게는 진실을 바로 보도록 일깨워줄 친구가 필요한 겁니다.

여러분 자신을 친구 자리에 앉혀보십시오. 친구에게 그가 저지른 잘못을 볼 수 있도록 일깨워줄 마음이 있습니까? 변명하는 그에게 속이지 말라고 말해줄 수 있나요? 그가 상처 입은 자존심으로 화가 나서 덤벼들 때 그것을 감내할 준비가 되어 있습니까? 아니면, 친구의 허물을 눈감아주고 그렇게 해서 그의 음모에 동참하는 쪽을 택하시렵니까?

친구를 사귀고자 할 때 우리는 솔직하게 우리의 허물을 말해주고 우리가 화를 내더라도 참아줄 그런 친구를 선택할 일입니다. 그런 솔직함이 없을 때 우정은 깊어질 수 없고 따라서 아무 데도 쓸모가 없어요.

하지만, 만약에 여러분이 친구를 책망하거나 허물을 말해줘야 할 경우에는 그의 자존심에 상처를 입히지 않도록 조심해야 합니다. 분명하고 온유한 말로 부드럽게 책망하되 그의 덕목을 인정해줘야 해요. 그리고 친구를 책망하는 여러분의 동기가 오직 선한 데 있음을, 질투나 분노가 아니라 사랑으로 하는 말임을, 분명히 보여줘야 합니다. ●

49

교회마다 집사들이 있습니다. 집사들은 교회 공동체의 재산을 관리하지요. 교인들이 연보한 돈을 받아서 필요한 이들을 위해 쓰는 거예요. 집사들은 자기 것이라고는 아무것도 없고, 독자적으로 행세할 권한도 없지요. 그들이 관리하는 돈은 어디까지나 공동체의 것이고, 공동체가 마련한 원리 원칙에 따라서만 재산을 운용하는데 그 결과를 언제나 공동체에 보고해야 합니다.

만일 어떤 집사가 일을 잘못해서 공동체에 실망을 안겨주었다면, 교회는 그를 면직시키고 다른 사람을 그 자리에 세울 수 있습니다. 교회 식구라면 모두가 잘 알고 있는 사실이지요.

이와 마찬가지로, 우리 모두 하느님의 선물인 물질과 재능을 관리하는 집사올시다. 그것들은 우리의 소유물이 아니라 하느님께 속한 것들이에요. 하느님이 정하신 원리 원칙에 따라서만 써야 하는 겁니다. 그리고 우리 모두, 과연 하느님의 법에 따라서 그것들을 썼는지 감사를 받고 책임을 져야 해요.

만일 우리에게 주신 선물을 잘못 사용했다면 그분이 우리를 면직시킬는지도 모를 일입니다. 하지만 그보다는, 우리가 죽은 뒤에 부르셔서 계산하자고 하시겠지요.●

50

나에겐 말하는 재능이 주어졌습니다. 내게 말하는 재능이 주어졌다고 해서 우쭐거리거나 남들의 존경을 받아야 할 터무니는 조금도 없습니다. 다른 재능들과 마찬가지로 그냥 하느님께서 값 없이 주신 거니까요. 그러니, 인정이나 존경을 받을 대상이 있다면 내가 아니라 하느님이십니다.

나는 다만 이 선물을 어떻게 활용할 것인지, 그걸 고민해야 합니다. 훌륭한 연설가들의 지도를 받고 부단한 연습을 통하여 그것을 발전시켜나갈 것인가? 무엇보다도, 나를 위해서 이 재능을 쓸 것인가? 아니면 하느님을 위해서 쓸 것인가?

물론 나는 하느님을 위해서 써야 한다고 생각합니다. 때로 내가 한 설교에 스스로 감동하여 나 자신을 격려하고 축하해주기도 하지요.

그러나 얼마나 쉽게 교만이라는 놈이 훼방을 놓는지요! 눈앞의 청중이 내 말 한 마디 한 마디에 집중하여 귀를 기울이고 그들 가슴에 소용돌이치는 감동의 기운이 느껴질 때, 내 어깨는 얼마나 쉽게 으쓱거리는지요! 하느님의 단순한 대변자로 머물러 있지 않고, 저 자신을 신성한 존재로 여기기 시작하는 거예요. 말 잘하는 능력은 분명 하느님이 주신 복된 선물입니다만, 그것을 지닌 자의 영혼을 부패시키는 저주로 아주 쉽게 바뀔 수 있는 물건입니다. ●

51

병든 사람이 고침받는 기적을 보면 사람들은 쉽게 감동하지요. 그러나 우리는 교회에서 그보다 더한 기적을 볼 수 있습니다. 평범한 농부와 직공이 위대한 설교자와 복음 교사로 바뀌는 거예요.

우리 가운데는 많은 교육을 받거나 타고난 말솜씨가 좋은 사람이 아주 드뭅니다. 바깥세상과 마찬가지로 교회 안에도, 정규 교육을 받지 못한 사람들이 대부분이에요.

하지만, 어떤 이들은 성령님의 영감을 받아 위대한 철학자가 되었지요. 그들은 그리스도의 말씀을 듣고 그 말에 담긴 깊은 뜻을 이해하여, 어려운 일을 겪는 주변 사람들에게 그리스도의 말씀으로 도움을 줍니다.

옛날에는 누구든지 진리를 알고자 하면 철학 아카데미에서 오랜 세월 공부를 많이 해야 한다고들 생각했어요. 그런데 지금은 한나절 훈련도 받지 않고서 철학적 전문 지식을 터득하는 사람들이 가끔 눈에 뜨입니다. 이야말로 기적 아닙니까? 성령님의 능력이 그렇게 나타나 보이는 것 아니겠어요? 사람의 지위, 소유, 학식, 위상 따위에 상관없이 모두에게 구원이 임한다는 사실을 확인시켜주는 증표 아닙니까? 그리스도의 복음이 어리석은 바보들, 곧 성령의 능력으로 지혜롭게 된 바보들을 위한 것임을 확인시켜주고 있지 않습니까? ●

52

오직 바보만이, 사랑과 평화의 메시지 하나로 세상을 바꿔보려 시도하겠지요. 그렇다면 예수야말로 바보였다고 결론지을 수 있을 것입니다. 그리고 바보들만이 그를 추종하다가 그가 처형당한 뒤에, 그의 일을 계속할 수 있었을 거예요. 따라서 사도들 모두 바보였다고 하겠습니다. 그 바보들이 전하는 메시지를 진지하게 듣고 그것을 받아들이는 일 또한 같은 바보들만이 할 수 있는 겁니다. 그러니까 시방 우리 모두가 바보라는 그런 말이올시다.

이는 조금도 이상한 일이 아니에요. 하느님께서는 유식한 학자가 아니라 겸손한 목수를 택하시어 복음을 선포하게 하셨습니다. 또, 어부와 세리를 사도들로 뽑으셨지요. 우리가 과연 그들보다 낫다고 주장할 수 있을까요? 물론, 아닙니다. 우리 가운데 교육을 많이 받은 사람도, 복음의 가르침대로 사는 것과 학력 사이에 아무 관계가 없음을 잘 알고 있습니다. 그런즉 우리 모두 바보임을 기꺼이 시인합시다. 그러면, 세상을 바꾸려는 시도에 마음 놓고 몸을 던질 수 있을 테니까요.

하지만, 사도들도 때로는 겁에 질리고 비굴하게 처신하지 않았던가요? 우리 또한 그들처럼 두렵고 떨리지 않습니까? 그리스도의 십자가야말로 우리를 두려워 떨게 할 만한 사건이지요. 그래도 그분의 부활은 우리에게 초인적인 용기를 제공합니다. ●

53

숲의 나무들을 보십시오. 얼마나 당차고 아름다운지, 얼마나 크게 자라는지, 그 껍질은 또 얼마나 매끄러운지, 잘 살펴보세요. 하지만 사람들이 과수원을 가꿀 경우에는 석류나무나 올리브나무 같은 특별한 나무들을 가려서 심습니다. 그것은 우리가 과일나무를 원하기 때문이지요.

우리는 하느님께서 당신 과수원에 심으신 나무들입니다. 그분은 우리가 얼마나 당차고 아름다운지, 키가 얼마나 크고 피부는 얼마나 매끄러운지, 그런 것에는 관심하시지 않습니다. 그분의 관심은, 과수원 나무들처럼, 오로지 우리가 맺는 열매에만 있어요. 그리고 그분이 우리에게서 원하시는 열매는 평화와 사랑, 믿음과 온유, 인내와 절제, 관용과 충성 같은 정신적인 것들이지요.

숲의 나무들을 다시 한 번 생각해보세요. 때때로 우리는 숲에 가서 집을 짓는 데 쓰거나 땔감으로 쓰기 위하여 나무들을 베고 자릅니다. 만일 우리가 열매를 맺지 못한다면 하느님은 우리를 베고 잘라서 불 속에 던지시겠지요.

    그분이 우리를 이 땅에 심으신 것은 우리 자신을 위해서가 아니라 당신의 영광을 위해서입니다. 그리고 우리는, 우리 영혼으로 정신적인 열매들을 맺음으로써만 그분께 영광을 돌릴 수 있습니다.●

54

주변 세계를 둘러보십시오. 여러분 몸에 필요한 것들이 모두 거기에서 옵니다. 그 아름다움으로 여러분의 눈을 즐겁게 하고, 그 빛으로 하느님의 빛을 반영하여 여러분 영혼을 즐겁게 하지요.

저 풀과 나무들을 보세요. 저것들의 종류를 모두 헤아릴 수 있겠습니까? 각양각색 잎들의 모양, 온갖 꽃들의 색깔과 향기를 모두 그려낼 수 있겠어요? 저 짐승들과 벌레들을 보십시오. 저마다 다른 크기와 모양으로, 먹이를 찾아 움직이는 모습 또한 천차만별입니다. 놀랍지 않습니까?

그리고 생각해보십시오. 하느님께서는 왜 저 모두를 지으셨을까요? 우리 눈을 즐겁게 하고 우리에게 필요한 것들을 채워주기 위해서만일까요? 아니면 무슨 다른 목적이 있으신 걸까요?

답은, 하느님께서 만물을 지으신 목적은 바로 당신 자신을 위해서라는 것입니다. 모든 피조물에는, 하느님께서 무한하신 지혜와 사랑으로 그 속에 심어주신 바, 각자의 목적과 운명이 있습니다.

  하느님의 계획을 이해하려고 애쓰지 마세요. 하느님의 길을 헤아려 아는 데는 사람의 머리가 개미의 머리보다 나을 게 하나도 없습니다. 그냥 그분의 계획을 받아들이고 그 안에서 기뻐하십시오. ●

55

그리스도의 몸을 영예롭게 해드리고 싶습니까? 그렇거든, 그분의 벗은 몸을 경멸하지 마십시오. 여러분은 교회에 올 때 가장 좋은 비단옷을 골라 입고 옵니다. 그런 식으로 그리스도를 영예롭게 해드리는 것은 잘하는 일이지요.

하지만, 그렇게 차려입고서 교회로 오다가 거리에서 벌거벗은 거지를 그냥 지나치지는 않았습니까? 헐벗은 사람에게 옷을 주지 않고서, 좋은 옷 차려입고 주님의 식탁에 앉는 것은 잘하는 일이 결코 아닙니다. 왜냐하면, 그 거지의 몸이 그리스도의 몸이기도 하니까요.

그리스도의 피를 영예롭게 해드리고 싶습니까? 그렇거든, 그분의 목마름을 외면하지 마세요. 여러분은 그리스도의 피를 상징하는 포도주를 담는 아름다운 황금 잔을 교회에 헌물로 바칩니다. 그런 식으로 그리스도의 피를 영예롭게 해드리는 것은 옳은 일입니다.

그러나 예배드리러 오는 길에 먹을 것과 마실 것을 구걸하는 거지들을 그냥 지나치지는 않았나요? 여러분 식탁에 있는 먹을 것과 마실 것을 가난한 이들에게 주지 않고서, 주님의 식탁에 황금 잔을 놓는 것은 결코 잘하는 일이 아니올시다.

    우리가 교회에서 행하는 모든 예배 의식은, 그것이 상징하는 의미를 교회 바깥 현장에서 그대로 실천하지 않는 한, 한낱 속임수 허풍일 따름입니다. 위선자가 되느니 아예 처음부터 교회에 나오지 않는 것이 더 낫습니다. 그러면, 믿지 않는 자들 앞에서 복음을 더럽히는 짓은 하지 않을 테니까요. ●

56

주일마다 여러분은 빵과 포도주를 받으려고 주님의 식탁에 나옵니다. 이것들이 여러분에게 뜻하는 바가 무엇입니까? 단순히 여러분 위장을 깨끗하게 하는 설사약처럼, 여러분 영혼을 깨끗하게 하는 영적 의약품 정도로 알고 있나요? 아니면, 하느님께서 이 단순한 것들로 무엇을 우리에게 말씀하시는지, 그걸 생각해볼 때가 있습니까?

빵과 포도주는, 살기 위해서 먹고 마실 것을 만들어내는, 우리의 노동이 맺은 열매라 하겠습니다. 그러기에, 우리는 주님의 식탁에서 노동을 하느님께 바치고, 우리 자신을 새롭게 바쳐 그분을 섬기게 해야 하는 것입니다.

주님의 식탁에서 우리는 모든 사람에게 빵과 포도주를 똑같이 나눠주지요. 가난한 사람과 부자가 똑같이 받는 거예요. 이는 하느님의 물질이 모든 사람에게 공평하게 돌아가서 각자 필요한 만큼 받아야 함을 의미합니다.

전체 성사(聖事) 또한 모든 사람이 동등한 자리를 차지하는 식탁이에요. 한쪽 끝에는 보이지 않는 맏형 그리스도를 모시고 다른 쪽 끝에는 보이지 않는 아버지 하느님을 모시고 그 사이에 앉아서 형제와 자매의 친교를 나누는 것입니다. ●

57

뱀처럼 슬기로워지라는 말씀이 무슨 뜻일까요? 공격을 받을 때 뱀은, 머리를 건질 수만 있으면 신체의 다른 부분을 기꺼이 잘라버릴 태세가 되어 있지요. 그러므로 뱀처럼 슬기로워지라는 말은, 신앙을 지킬 수만 있다면 다른 모든 것들—재산, 명성, 친구들—을 기꺼이 잃을 태세가 되어 있으라는 뜻입니다. 여러분의 신앙은, 그것으로 모든 진리를 배우는, 여러분의 머리예요. 그렇게 배운 진리가 여러분 영혼을 자유롭게 하지요.

그러나 뱀처럼 슬기로운 것만으로는 충분치 못합니다. 동시에 우리는 비둘기처럼 정직하고 순결해야 해요. 실로, 덕을 짓는 것은 지혜와 순결의 조화입니다. 뱀처럼 슬기로운 사람은 아무리 무서운 공격에도 살아남아 그리스도의 제자로 계속 활동할 수 있어요. 순결한 사람은 자기를 공격하는 자들에게 앙갚음하지 않습니다. 비둘기처럼 순결하라는 말은 여러분에게 잘못을 저지르거나 못된 짓을 하는 자들에게 보복하지 말라는 말이에요.

지혜가 순결로 알맞게 조절되지 않으면, 한 공격이 또

다른 공격을 낳고 그리하여 끝없는 갈등이 꼬리를 물게 됩니다. 순결이 지혜로 알맞게 조절되지 않으면, 사람이 지나치게 나약해져서 조금만 공격을 받아도 살아남지 못하겠지요.

아무도 여러분의 신앙을 앗아가지 못하도록 확실하게 지키십시오. 여러분의 지혜가 그렇게 해줄 것입니다. 그러나 여러분에게 잘못을 저지르는 누구한테도 앙심을 품지 않도록 조심해야 합니다. ●

58

악독한 범죄를 저지르고 나서 교묘하게 형벌을 피하는 사람을 볼 때 우리는 분개합니다. 그가 정당한 심판을 받아 마땅하게 처벌되기를 바라고, 그런 일이 일어나지 않으면 화가 나는 거예요.

그러나 그럴 경우 우리는 자신의 행동을 잘 성찰해야 합니다. 분개심을 안으로 자신에게 돌려야 해요. 그래서 이렇게 자문해야 합니다.

"얼마나 많이 나는 남들에게 잘못해놓고 그 형벌을 피했던가?"

의심할 나위 없이, 우리 모두에겐 그런 예가 수도 없이 많지요. 이런 사실을 인정할 때 남들을 향한 우리의 분노가 녹아 없어질 것입니다. 그보다 중요한 것은, 자신에 대한 성찰이 우리를 하느님께로 돌아가 그들을 용서해달라고 빌게 하리라는 사실이에요.

다른 사람들의 범죄가 끔찍하고 분명한 데 견주어 우리의 범죄는 사소하고 희미한 것일 수 있습니다. 하지만, 그러니까 우리 죄를 덜 중요하고 덜 무서운 것으로 여겨야 하는 걸까요?

  아니지요. 오히려 우리는 사소한 범죄들이 가장 큰 해를 입힐 경우가 자주 있음을 알아야 합니다. 강도질이나 폭행처럼 잘 드러나는 범죄는 쉽게 알아볼 수 있고 그래서 오히려 미연에 방지할 수가 있지요. 반면에 거짓말이나 비방, 욕설 따위 미묘한 범죄는 알아채기가 매우 어렵고 그래서 미리 막기가 무척 어렵습니다.●

59

은이 금보다 값이 덜 나가니까, 금을 훔친 것보다 은을 훔친 것이 덜 나쁜 일일까요? 잃어버린 사람 처지에서 보면, 금을 잃은 것보다는 은을 잃은 것이 덜 고약하겠지요.

하지만 죄를 저질렀다는 점에서는 둘이 하나도 다를 것 없습니다. 범인의 행위 자체보다 행위를 유발한 마음가짐에 죄가 있거든요. 남의 은을 강탈할 수 있는 사람이면, 금을 훔칠 수 있는 기회가 생겼을 때 망설이지 않을 겁니다. 그가 한동안 도둑질을 하지 않는다면 아마도 그럴 기회가 없거나 어디가 아프거나 그래서겠지요.

그러기에 사람이 행실을 고치려면 먼저 그 마음을 고쳐먹어야 합니다. 그리고 마음을 고쳐먹으려면 지금 자기가 먹은 마음이 남은 말할 것도 없고 자기 자신에게도 불행을 안겨주리라는 사실을 깨달아야 해요.

남에게 좋지 못한 짓을 하려는 사람에게 우리는, 그렇게 하면 사회에서 따돌림을 당하게 될 것이고, 그에게 진정 필요한 것은 금이나 은이 아니라 사람들과 친밀하게 사귀며 행복하게 살아가는 일임을 보여줌으로써, 그의 자기애에 호소해야 합니다. 의롭게 사는 것이 곧 행복한 삶의 비결임을 제대로 보여주면, 아무리 무서운 범죄자라도 열심을 내어 그 길을 따르고자 할 것입니다. ●

60

불면증으로 밤에 잠을 자지 못한 경험은 아마도 거의 모든 사람에게 있을 것입니다. 어둡고 고요한 시간을 뜬눈으로 지새우는 거지요. 우리 마음과 영혼이 평안할 때에는 그럴 경우가 좀처럼 없지만, 마음에 번민이 있을 때에는 자주 그런 일이 일어납니다.

그러니, 밤에 잠이 오지 않는다 하여 너무 자신을 탓하지 마십시오. 불면증으로 잠이 오지 않는 것은 뭔가 잘못되었으니 자신을 돌이켜 보라고 하느님께서 우리에게 신호를 보내시는 것입니다.

밤에 잠이 오지 않거든 여러분 중심 깊은 곳에 숨어 있는 생각들을 표면 위로 끌어 올리십시오. 흔히, 그것들은 여러분이 저지른 잘못이나 실천하지 못한 선행을 상기시켜주는 책망일 수 있습니다.

과거의 죄를 자백하고 잘못을 고쳤거든, 하느님이 여러분을 용서하셨다는 확신을 품으세요. 그러면 편히 잠들 수 있을 것입니다. 아직 죄를 자백하지 않았고 잘못을 고치지도 않았거든 먼저 죄를 자백하고 하느님께 용서를 구하십시오. 그런 다음, 어떻게 본인의 잘못을 바로잡을 수 있겠는지 그 계획을 구체적으로 세우십시오.

그렇게 했어도 몸과 마음이 너무 괴로워서 잠이 안 올 수 있습니다. 그래도 걱정 마세요. 여러분의 영혼이 편안해질 때 몸과 마음도 따라서 잠들게 될 것입니다. ●

61

 죄인에는 두 종류가 있거니와, 그 하나는 죄를 짓지 않을 수 없도록 심리적으로 눌려 있는 사람입니다. 그들의 머리와 가슴은, 아마도 지난날의 쓰라린 경험 때문에, 범죄를 스스로 억제하기 힘들 만큼 뒤틀리고 일그러져 있지요. 그들이 저지르는 범죄는 정신적 질병에 속합니다. 우리는 육체의 질병을 다스릴 때와 같은 연민과 각오로 그들을 치료하고자 힘써야 합니다.

 다른 하나는, 도덕적 나태함 때문에 죄를 범하는 자들이에요. 그들은 유혹에 저항하려 하지도 않고, 자신의 욕망과 본능으로 하여금 행동을 지배하도록 내버려 둡니다. 이런 종류의 죄인들은 관대한 처분을 기대할 수 없겠지요. 범죄 행위를 중단할 능력이 본인에게 있느니만큼, 죄를 계속 짓는다면 마땅한 벌을 받아야 할 것입니다.

 가장 무서운 범죄라 할 살인에 대하여 생각해봅시다. 특별한 상황에서 자제력을 잃고 어쩔 수 없이 사람을 죽인 그런 사람들이 있지요. 그들로 말미암아 희생된 이들을 동정하는 것과 똑같이 우리는 그들에게도 동정심을 베풀어야 합니다. 그들이 같은 범죄를 되풀이하지 못하도록 막아야겠지만, 그들을 가혹하게 대해서는 아니 됩니다.

그러나 어떤 사악한 동기―예컨대, 돈을 빼앗으려는―를 품고서 계획적으로 사람을 죽인다면 그 책임은 오로지 본인에게 있는지라, 그런 자는 동정을 받을 자격도 없거니와 엄한 벌을 받아 마땅합니다.●

62

여러분에게 다섯 가지 회개하는 법을 말씀드리겠습니다. 다섯 가지 방법은 서로 다르지만, 하늘나라로 나아가게 한다는 점에서는 모두 같습니다.

첫째 방법은 자신의 죄를 시인하는 거예요. 여러분이 하느님께 지은 죄를 스스로 시인할 때 하느님은 여러분을 용서하실 것이고, 여러분은 더 이상 죄를 짓지 않게 될 것입니다. 여러분의 양심을 자신의 고발자로 삼으세요. 그래서 주님의 법정에서 다른 고발자를 만나는 일이 없도록 하십시오.

회개하는 둘째 방법은 다른 사람들의 잘못을 잊는 겁니다. 그러려면 여러분의 감정을 다스려야 하고, 여러분에게 죄지은 이들을 용서해야 합니다. 여러분이 그들을 용서하면 주님도 여러분을 용서하시겠지요.

회개하는 셋째 방법은 기도하는 것입니다. 형식적으로 하는 판에 박힌 기도 말고, 자신을 온전히 하느님 앞에 내어놓는 간절하고 뜨거운 기도를 드리는 거예요.

회개의 넷째 방법은 널리 자선을 베풀어, 자신이 저지

른 죄를 사랑의 행위로 갚는 것입니다.

마지막 다섯째 방법은 스스로 겸손하게 낮추어, 자신에게는 아무런 덕(德)도 없거니와 하느님께 바칠 것은 다만 지은 죄가 있을 뿐임을 고백하는 거예요. 그러면 하느님께서 여러분의 죄 보따리를 여러분 등에서 벗겨 주실 것입니다.

때에 따라서 다섯 가지 방법들 가운데 이 방법을 택하는 것이 어울리는 경우도 있고 저 방법을 택하는 것이 어울리는 경우도 있겠지요. 그러나 어느 것이든 반드시 하나를 택하여 날마다 회개의 길을 걸어야 한다는 사실만은 분명히 알아두시기 바랍니다. ●

63

아담의 범죄로 말미암아 우리 모두 저절로 죄인이 되는 겁니까? 죄의 허물이 세대에서 세대로 유전되는 건가요? 이 땅에 살고 있는 남자와 여자와 아이들이 예수 그리스도의 이름을 듣고 믿지 않으면 모두 하느님의 저주 아래 있는 걸까요?

대부분 사람들에게 이런 말은 너무나도 황당하고 터무니없는 말로 들릴 것입니다. 그리고 사실이 그렇습니다. 당신의 피조물을 사랑하시는 하느님, 특히 인간을 사랑하시는 하느님을 믿는다면, 죄 없는 사람들을 무더기로 정죄하시는 하느님을 납득할 수가 없을 것입니다. 순진한 아이가 영원한 형벌을 받아야 한다는 발상 자체가 참으로 흉물스러운 생각이라 하겠습니다.

하지만 우리가 그리스도의 선하심을 통해서 선해진다는 것은 지극히 당연한 사실입니다. 한 사람의 범죄가 전 인류를 죄인으로 만들 수는 없지만, 한 사람의 치열한 사랑이 인류를 변화시킬 수 있고 그리고 그 일은 현재 진행 중입니다.

하느님은 당신의 자비에 우리 가슴이 열리기를, 당신의 진리를 우리 모두에게 드러내실 기회를, 기다리고 계십니다. 그러기에, 때가 되면 하느님은 우리에게 그리스도와 그분의 복음에 관하여 들려주시고, 우리는 삶과 죽음의 열쇠가 되는 중요한 선택—예수 그리스도의 말씀을 받아들일 것이냐, 거절할 것이냐—에 직면해 있는 자신을 발견하게 될 것입니다. 만일 그리스도의 복음을 자의(自意)로 거절한다면 그것은 우리 자신을 정죄하는 것이요, 복음을 받아들인다면 하늘 아버지께서 품에 안으시도록 우리 자신을 내어드리는 것이 되겠지요. ●

64

사람들은 행동을 선택하는 일에 한결같지 못합니다. 어떨 때는 자기를 희생하기까지 하다가 다음 순간 탐욕스런 이기주의자로 행동하니까요. 우리에게 자유의지를 선물로 주신 하느님은 우리가 이랬다저랬다 하는 것을 막으려 하지 않습니다.

이는 우리가 실제로 그리스도의 뒤를 따를 수 없음을 뜻하는 것일까요? 정말 인간들은 그분이 보여주신 사랑의 길에서 끊임없이 벗어나기만 하는 존재일까요? 답은 '예' 그리고 '아니오'입니다.

우리는 그리스도의 제자를 자처하지만, 슬프게도 우리에게 범죄 성향이 있음을 잘 알고 있습니다. 그나마 우리가 자신의 온전치 못함을 알게 된 것은 그리스도를 알고 그분의 온전하심을 보았기 때문이지요.

그리스도와 우리를 견주어 보는 것은 참으로 고통스런 일이에요. 그래서 우리는 사랑의 길을 자꾸 벗어나려 하고, 그래서 날마다 잘못된 선택을 하는 겁니다. 하지만 이렇게 "길을 벗어났다"고 말하는 것 자체가 한편으로 우리가 길을 알고 있고 그 방향도 분별하고 있음을 보여준다 하겠습니다.

그리스도의 제자가 되는 것은 늘 빈틈없이 그분의 가르침대로 살 것을 보장한다는 뜻이 아니에요. 오히려, 자기 의지가 허용하는 만큼 그분의 길에 가까이 있으며, 설혹 벗어났더라도 다시 돌아오려고 애쓰겠다는 약속을 하는 겁니다. 우리는 힘이 닿는 만큼 그렇게 할 수 있어요. 다만 흐르는 세월과 더불어 하느님의 은총으로 우리의 여정이 더욱 수월해지고 곧아지기를 희망할 따름입니다. ●

65

예수 그리스도를 하느님의 아들로 불러 모시는 것은 무슨 뜻일까요?

우리는 그 의미를 세속의 언어로 이해할 수 있을 것입니다. 예수께서 이 땅에 계시는 동안 사람들을 고쳐주고 가르치실 때, 그분의 뜻은 하느님의 뜻과 완벽하게 일치되셨지요. 그래서 우리는 나사렛 사람 예수를 완벽한 하느님의 체현(體現)으로, 하느님의 아들로, 불러 모실 수 있는 겁니다. 따라서 우리 뜻을 조금이라도 더 하느님 뜻에 일치시켜나갈 때 우리는 자신을 하느님의 양자녀로 생각할 수 있겠지요.

그러나 우리는 이보다 깊이 하느님의 아들 그리스도의 신비에 들어갈 수 있습니다. 해를 생각해보세요. 우리는 해와 햇빛을 동떨어진 무엇으로 만들 수 없습니다. 햇빛이 없으면 더 이상 해가 해가 아니니까요.

마찬가지로, 우리는 하느님과 하느님한테서 뿜어져 나오는 사랑을 동떨어진 무엇으로 만들 수 없습니다. 사랑이 없으면 하느님도 하느님이 아니니까요. 그리스도를 우러러뵐 때 우리는 하느님의 빛을 우러러뵙는 것입니다. 그리고 그 빛은 곧 하느님이십니다. 그래서 하느님과 그리스도를 동떨어진 두 분으로 모실 수가 없는 거예요. 하느님과 그분의 사랑이 둘이 아닌 하나임을 표현하기 위하여 우리는 그리스도—그 사랑의 체현—를 하느님의 아들로 불러 모시는 것입니다. 이는 비유적 표현이긴 합니다만 문자 그대로 진실입니다. ●

66

때로 우리는 그리스도의 신성(神性)과 인성(人性)을 구분하려고 합니다. 광야에선 그분의 신성이 식욕과 다른 욕망들을 다스렸지만 평소엔 그분의 인성이 굶주림과 고단함을 느꼈다고, 그렇게 말하지요. 그분의 신성은 병자들을 고쳐주었고 다른 많은 기적들을 일으켰지만 그분의 인성은 기적을 일으킬 때마다 당신 몸에서 기운이 빠져나가는 것을 느꼈다는 겁니다. 그분의 신성은 십자가에서 인류를 구원했고 그분의 인성은 십자가에서 극심한 고통을 견뎌야 했다고, 그렇게도 말하지요.

하지만 이렇게 그분의 신성과 인성을 구분하는 게 과연 그럴 만한 가치가 있는 일일까요? 실제로 우리가 그리스도의 인격(person) 안에서 확연히 다른 두 요소를 볼 수 있는 겁니까?

자기를 들여다볼 때 우리는 거기에서 육신의 얼굴과 영혼의 얼굴을 분별할 수 있습니다. 때로 우리네 인생이라고 하는 것이 주도권을 잡으려고 서로 싸우는 두 얼굴의 전쟁터와 같다는 사실을 우리는 알고 있지요. 하지만, 그렇다고 해서 영혼의 얼굴이 육신의 얼굴을 무찔러 파멸시켜야 한다고 말하는 것은 잘못입니다. 그보다 우리는 둘 사이에 조화를 이루어야 해요. 육신의 욕망이나 소원은 억압당하거나 무시당해야 하는 것들이 아닙니다. 오히려 영혼이 주도한 도덕의 틀 안에서 충족되어야 하는 거예요.

우리는 같은 식으로 그리스도를 이해해야 합니다. 실제로 그분의 신성이 인성을 정복하고 파멸시켰느냐는 것은 문제가 아니에요. 사람의 살과 피로 어떻게 하느님과 완벽한 조화를 이루며 살 수 있는가, 그리스도는 우리에게 그 방법을 보여주신 겁니다. ●

67

어째서 악마는 예수에게 죄가 없다는 사실을 알면서 그분을 공격했을까요? 왜 악마는, 유다를 통해서, 예수를 십자가 형틀에 넘겼을까요? 십자가에서 숨을 거두신 예수님의 죽음은, 그분이 괴로워하는 모습을 보면서 즐거움을 느꼈을 것만 제외하면, 악마의 목적을 이루는 데 아무 보탬도 되지 않았습니다.

하느님께서도 예수를 배반하고 공격하라고 악마에게 명령을 내리시지 않았을 거예요. 하느님의 계획은 악마에 의해서 이루어질 수 있는 것이 아니라 오직 한 분, 하느님에 의하여 이루어지는 그런 것이거든요. 실제로 모든 일이 악마가 뜻했던 바와 정반대로 진행되었습니다.

그리스도를 공격하고 배반함으로써 악마는 그분의 선하시고 거룩하심을 천하에 드러내면서 동시에 자신의 악한 모습을 그대로 보여주었지요. 이 말은 좀 이상하게 들릴는지 모르겠습니다. 악마가 그렇게 자신을 드러내지 않아도 우리는 악이 어떤 것인지 잘 알고 있으니까요. 오히려, 문제는 악이 선으로 위장하기를 잘 한다는 점입니다.

유다를 생각해봅시다. 예수께서 전도 활동을 시작하시던 초기에 그는 매우 충성스럽고 열정적인 제자였어요. 다른 제자들과 함께 열심히 복음을 전하고 병자들을 고쳐주었지요. 하지만 악한 생각들이 차츰 그의 중심에 스며들었고, 마침내 권력과 재물에 대한 탐욕의 불길이 그를 삼켰던 것입니다. 그래서 스승을 파멸시킬 기회가 생기자 그 기회를 잡았던 거예요.

유다는 우리에게, 이 세상에서 악이 어떻게 제 일을 하고 있는지 그 과정을 보여주고 있습니다. 하느님께서, 예수를 십자가에 죽이도록 허락하심으로써, 악으로 하여금 제 실체를 드러내게 하신 까닭이 여기에 있다 하겠습니다. ●

68

온 나라에 무서운 고통을 안겨주는 난폭한 독재자가 있다고 상상해봅시다. 사람들은 모두 그를 싫어하고 무서워하면서도, 독재자에게는 자기 백성을 마음대로 벌할 권리가 있다고 생각하여 눈치만 보고 있습니다. 그런데 어느 날, 왕의 아들인 왕자가 독재자의 영토 안으로 들어옵니다. 젊은이에게는 나쁜 의도가 전혀 없고 오직 선한 의지만 있을 뿐인데도 독재자는 그를 체포하여 죽입니다. 이렇게 독재자는 자기가 어떤 사람인지를 스스로 드러내지요. 온 나라 백성이 그가 왕자를 죽인 것은 옳지 않다는 데 동의하고, 일어나서 독재자를 쓰러뜨립니다. 이상은 예수 그리스도를 둘러싸고 벌어진 사건들을 그대로 비유한 이야기올시다.

여기 독재자는 악마요, 악마에게 놀아나는 모든 권력자와 부유층을 가리킵니다. 저들은 자신의 탐욕을 채우기 위하여 평민들을 착취하며 그들에게 엄청난 고통을 안겨주지요. 그런데도 사람들은 그들의 권위를 마지못해 인정하며 감히 저항할 엄두도 내지 못합니다. 그때 지극히 높으신 왕의 아들인 예수가 그들의 영토 안으로 들어오자, 그들은 그를 잡아 죽여버리지요. 그렇게, 재물과 권력을 주무르는 자들이 본색을 드러내는 건데요, 문제는 과연 백성들이 그리스도의 이름으로 일어나 정의로운 하느님의 통치를 실현하느냐, 바로 그것입니다. ●

69

하느님은 모든 피조물에게 서로 나누는 사랑을 선물로 주셨습니다. 살아 있는 모든 것들이 동류(同類)에게 사랑을 느끼며 호감을 품는 것은 아주 자연스런 일이지요. 하느님은 특히 사람에게 이 선물을 넘치도록 주셨습니다. 사람들이 서로 나누는 사랑의 능력은 헤아릴 수 없을 만큼 크고 깊습니다.

실로, 예수님이 말과 행실로 보여주신 사랑은 사람이 나눌 수 있는 사랑의 크기와 깊이를 그대로 보여줍니다. 우리의 본성은 우리를 덕행으로 기울게 합니다. 그런즉, 부도덕은 우리의 본성에 반(反)하는 것이올시다.

다른 사람에게 폭력을 휘두를 때 그것은 자신의 본성에 폭력을 휘두르는 것입니다. 남을 약탈하는 것은 곧 우리 자신을 약탈하는 거예요. 부도덕은 우리의 본성 자체를 전쟁터로 몰아갑니다. 그것은 육체로 하여금 영혼을 적대하게 만들지요. 몸이 제 탐욕을 채우기 위하여 그릇된 일을 시도할 때 반대로 영혼은 옳은 일을 원합니다. 그러니, 부도덕이 비참을 만들어내는 것은 사실 놀랄 일도 아니지요.

  한 사람 내면에서 벌어지는 전쟁은 결국 그를 파멸시킬 따름입니다. 여러분 육신의 욕망이 영혼의 기호(嗜好)와 조화를 이룬다면 그것은 여러분이 본성에 어울리는 삶을 살고 있다는 표시입니다. 여러분 본성이 스스로 평안할 때, 그때 여러분은 기쁨으로 충만할 것입니다. ●

70

 어떤 이들은 결혼이 하느님께서 인류에게 베푸신 축복이라고 말합니다. 그런가 하면, 성욕을 다스리지 못하는 자들을 위한 필요악이 결혼이라고 말하는 사람들도 있지요. 결혼에 대하여 그런 식으로 일반화시켜 말하는 것은 무리입니다. 우리는 특정한 어느 결혼에 대하여 이러니저러니 말할 수 있을 따름이에요.

 아내와 남편과 아이들에게, 그리고 그들의 모든 이웃에게 큰 축복이 되는 결혼이 분명 있습니다. 하지만, 관련된 사람들을 별로 행복하게 해주지 못하는 그런 결혼도 있거든요. 두 사람이 어떤 정신(spirit)으로 가정을 이루어 결혼생활을 유지하느냐에 따라서 이렇게 사뭇 달라질 수 있는 겁니다.

 한 남자와 한 여자가 성욕을 채우기 위해서, 또는 본인이나 집안의 재산을 보태기 위해서 결혼한다면 그 결합은 결코 행복을 가져다주지 못하겠지요. 반면에 한 남자와 한 여자가 땅에서 하늘로 가는 여정의 동반자가 되기 위해 결혼한다면 그 결합은 본인들과 남들에게 큰 기쁨과 행복을 가져다줄 것입니다.

　세상에는 인생의 반려가 꼭 필요한 사람들이 있어요. 그들을 위해서 하느님은 결혼이라는 제도를 두셨습니다. 그런가 하면 인생의 반려가 필요치 않은 사람들도 있는데, 그들을 위해서 하느님은 독신 제도를 마련하셨지요. ●

71

간음에 대하여 우리는 무슨 말을 할 수 있을까요? 간음한 사람에게 왜 그런 짓을 했느냐고 물으면, 그는 이렇게 대답하겠지요.

"욕정에 휘둘렸습니다."

우리는 다시 묻습니다.

"왜 그랬어요? 왜 당신 아내를 통해서 만족을 얻으려 하지 않았느냔 말입니다."

그가 대답합니다.

"아내하고는 열정을 불태울 수 없거든요."

하지만 바로 이 대답에서 우리는 그가 스스로 만들어 자신을 가둔 하나의 모순을 보게 됩니다. 과연 그로 하여금 간음하지 않을 수 없도록 만든 것이 육체의 욕정이라면 얼마든지 그것에 저항할 수가 있는 거예요. 그것에 저항하려는 영혼의 힘보다 강한 욕정은 없으니까요.

만일 그로 하여금 간음하지 않을 수 없게 한 것이 사랑하는 열정이라면 간음에 대하여 생각하는 것만으로도 억제할 수 있을 것입니다. 진정으로 사랑할 줄 아는 남자라면 자기 아내가 괴로워하는 것을 뻔히 알면서 남의 아내와 사랑에 빠질 수는 없는 일이지요.

 게다가, 사랑은 누구에게 무엇을 강요하지 않습니다. 때로는 불길처럼 뜨겁지만 언제 어디서나 부드러운 것이 사랑이에요. 사랑은 결코 폭력을 행사하지 않습니다.

 성욕이 독신 제도로도 제어되지 않을 만큼 강한 것은 사실입니다만, 그래도 간음은 어디까지나 선택의 문제올시다. 아무리 강한 육체의 욕정이라도, 아무리 뜨거운 사랑의 열정이라도, 정절(貞節)과 배반(背反) 가운데 하나를 선택할 수 있는 인간의 능력을 이기지는 못하니까요.●

72

 남편에 대한 아내의 순종을 말할 때 우리는 보통 군대나 정치판에서 통하는 용어로 말을 합니다. 남편은 명령을 내리고 아내는 그 명령에 복종한다는 식이지요. 그러나 그런 식의 복종이 군대에서는 어울릴는지 모르겠으나 결혼한 부부 사이에서는 도대체 말이 되지 않는 것입니다.

 순종하는 아내는 남편의 명령을 기다리지 않습니다. 오히려 남편에게 필요한 것이 무엇인지, 남편이 좋아하는 게 무엇인지를 미리 알아 사랑으로 그것을 제공하지요. 남편이 일에 지쳤을 때에는 휴식을 취하도록 용기를 주고, 무슨 일로 흥분되어 있으면 부드럽게 진정시켜주고, 병들어 아프면 정성껏 간호해주고, 남편이 행복하여 기뻐하면 그 기쁨을 함께 나누는 겁니다.

 하지만 그런 복종은 일방적으로 아내에게만 요구될 것이 아니에요. 남편도 같은 방식으로 아내에게 복종해야 합니다. 아내가 고단할 때에는 일거리를 덜어주어야 하고, 아내가 슬퍼할 때에는 부드럽게 안아주면서 힘을 북돋아주고, 기분이 좋아서 들떠 있을 때에는 그 좋은 기분을 함께 나누어야 해요.

　그런즉, 건강한 결혼생활이란, 어느 한쪽의 일방적인 순종이 아니라 양쪽이 서로 순종하며 살아갈 때 비로소 가능한 것입니다. ●

73

건강한 혼인은 든든한 성(城)과 같습니다. 남편과 아내가 서로 사랑하고 존중할 때, 아무도 그들을 함락시키지 못합니다.

남자가 결혼하지 않고 혼자 살면서 사람들에게 헐뜯기거나 비방을 당할 경우, 자기를 신뢰하는 마음이 무너져 내릴 수 있어요. 심지어, 자기를 헐뜯고 비방하는 사람들의 말을 곧이듣게까지 되지요. 하지만, 그에게 사랑하는 아내가 있다면, 남편을 끝까지 믿어주고 그래서 굳건하게 자기를 지켜나가도록 도와줄 것입니다.

혼자 사는 여자는 험담의 대상이 되게 마련이에요. 지독한 험담을 들었을 때 그녀는 자기에 대한 평판이 갈가리 찢어졌다고 생각할 수도 있지요. 하지만 그녀에게 사랑하는 남편이 있다면, 아내의 좋은 점과 정직성을 믿어주고 그래서 안심시켜주고, 그녀를 헐뜯던 사람들에게 오히려 영향을 미칠 수도 있을 것입니다.

건강한 혼인은 또한 신앙이 흔들릴 때에도 든든한 버팀목이 됩니다. 신앙에 회의가 들 때 혼자 사는 사람들은 하느님의 집이 사방에서 무너져 내리는 느낌을 받게 되고 무엇을 어찌해야 할는지 알 수 없어서 비틀거리지요.

그러나 결혼한 이들은 배우자에게 자신의 회의를 털어놓을 수 있고 십중팔구 배우자의 굳건한 신앙에 힘을 얻어 다시 일어설 수 있는 겁니다. 하느님의 섭리 안에서, 남편이 영적으로 약하면 아내가 강하고 아내가 약하면 남편이 강하게 마련이거든요. ●

74

하인들을 험하게 다루어 성난 욕설과 위협으로 겁에 질리게 만들면, 그렇게 해서 일을 많이 시킬 수는 있겠지만, 하인들은 그런 주인을 좋게 볼 리 없고 따라서 기회만 생기면 멀리 달아날 것입니다.

거친 말과 위협으로 아내를 다그치는 남편은 그보다 훨씬 고약한 사람이에요. 그런데도 툭하면 아내에게 공갈 협박하는 남자들이 많더군요. 그들은 목청껏 소리 지르고 기분 내키는 대로 명령하고, 심지어는 주먹을 휘두르면서까지, 자기 명령에 고분고분 복종할 것을 요구하지요. 그런 식으로 대접받는 아내는, 심통 잔뜩 난 하인처럼, 할 수 없이 남편의 요구를 들어줄 따름입니다.

이런 게 여러분이 바라는 결혼생활인가요? 공포에 질려 돌처럼 굳어진 몸으로 마지못해 순종하는 그런 아내가 진정 여러분을 만족시킨단 말입니까? 물론 아니겠지요. 아내에게 고약한 성질을 마구 부리는 것이 잠깐 동안 감정을 누그러뜨리는 데 도움을 줄 수는 있겠지만, 그래 가지고는 결코 진정한 기쁨과 쾌감을 맛볼 수 없는 법입니다.

　반면에, 아내를 독립된 인격자로 대하여 그녀의 생각과 느낌을 존중하고 그녀의 감정에 따뜻한 반응을 보인다면, 그런다면 여러분의 결혼생활은 한없는 축복의 원천이 되어줄 것입니다. ●

75

몸에 병이 들었을 때 여러분은 힘이 빠지고 얼굴은 창백해지지요. 늘 하던 일도 할 수 없고, 사람들은 어디가 아프냐고, 어떻게 아프냐고 묻습니다. 여러분은 의원에게 가지요.

무엇을 바라고 그에게 갑니까? 여러분은 그에게, 병 고칠 약이 있으면 달라고 할 것입니다. 그래서 병의 원인은 치료됐는데 여전히 힘이 없고 얼굴이 창백하다면, 그 상태로 만족하시겠어요? 물론 아니겠지요. 사람들이 의원을 찾는 이유는 대개 병 자체보다는 병의 증세를 없애기 위해섭니다. 반면에, 의원은 병의 원인이 제거되기 전에는 증세가 사라지지 않는다는 사실을 잘 알지요.

마찬가지로, 그리스도의 제자 되기를 자원한 우리는 그분에게서 영적인 질병을 치료받고자 원합니다. 하지만 사실은 불만, 절망, 번민 따위 증세들이 사라지기를 바라고 있지요. 반면에 예수님은 그것들의 깊고 내밀한 원인을 뿌리 뽑지 않는 한 결코 절망과 불만 같은 증세들이 없어지지 않는다는 사실을 잘 알고 계십니다.

바로 여기에 문제가 있어요. 나쁜 증세들이 없어지기를 바라면서, 막상 예수님이 우리 영혼을 수술하려 하실 때면 그것을 고집스럽게 거부하는 겁니다. 자신의 뿌리 깊은 감정과 습관적인 태도들이 바뀌는 것을 원하지 않는 거예요. 하지만, 하느님의 변화시키는 손길에 우리 영혼을 기꺼이 내어 맡길 때, 비로소 영적 질병의 모든 증세들은 사라지기 시작하는 것입니다. ●

76

해는 빛을 뿜어냅니다. 그러지 않을 수가 없지요. 짐승들은 숨을 들이쉬고 내쉽니다. 숨 쉬지 않을 수가 없거든요. 물고기들은 강과 바다에서 헤엄을 칩니다. 안 그럴 수가 없어서예요. 그렇다면, 그리스도인이 하지 않을 수 없는 것들은 무엇일까요?

무엇보다도, 그리스도인은 기도하지 않을 수가 없습니다. 그리스도인이 된다는 것은 하느님을 자애로운 아버지로 모신다는 뜻인데, 사람이 자기 부모와 말을 주고받는 것은 너무나도 자연스런 일이지요.

둘째로, 그리스도인은 하느님을 찬양으로 기리지 않을 수가 없습니다. 그리스도인이 된다는 것은 하느님을 우주의 창조주로 모신다는 뜻인데, 하느님이 지으신 세계의 장엄한 아름다움을 둘러보면서 찬양과 감사가 그 입술에서 흘러나오지 않을 수 있겠습니까?

셋째로, 그리스도인은 모든 것을 기꺼이 나누지 않을 수가 없습니다. 그리스도인이 된다는 것은 만유(萬有)가 하느님의 것이고, 인간은 단지 그것들을 관리하는 청지

기일 뿐임을 안다는 뜻이니, 자기에게 있는 것들을 없는 이들과 더불어 나누는 것은 매우 자연스런 일이지요.

넷째로, 그리스도인은 성경을 읽고 다른 그리스도인들의 깨달은 바를 공부하지 않을 수가 없습니다. 그리스도인이 된다는 것은 성령님의 능력 안에서 기뻐한다는 뜻인데, 성령님은 성경을 통해서, 그리고 영적 형제자매들의 깨달은 바를 통해서 우리에게 말씀을 하시니까요. ●

77

궁핍한 사람을 돕는 것은 그 자체만으로도 좋은 일이지요. 그러나 그것이 얼마나 좋은 일인지는 돕는 쪽의 태도에 따라서 달라집니다. 만일 여러분이 의무감 때문에 마지못해서 누구를 도왔고 그래서 후회를 한다면, 그 사람은 도움을 받기는 하겠지만 떨떠름하고 속이 불편할 겁니다. 여러분에게 신세를 진 느낌일 테니까요.

반면에, 기쁜 마음으로 어려운 이를 돕는다면 받는 쪽도 기쁘게 받겠지요. 도움을 받으면서 굴욕감을 느끼거나 자신의 체면이 깎인다는 생각은 조금도 없이, 오히려 기꺼이 도움을 받음으로써 도와준 이를 기쁘게 해준 데 대하여 기분이 좋을 것입니다.

기뻐하는 것이야말로 남을 돕는 사람이 가질 당연한 태도라고 하겠습니다. 자선 행위는 받는 쪽과 마찬가지로 주는 쪽에도 축복의 근원이니까요. 사실, 받는 사람은 그냥 물질의 축복을 받는 것뿐일 수 있지만 주는 사람은 영적인 축복을 끌어당기는 것입니다.

기쁜 마음으로 기꺼이 주면, 그것이 비록 자잘한 물건

이라 해도 굉장한 보화처럼 느껴질 것이고, 마지못해 후회하면서 주면, 아무리 많은 것을 준다 해도 수도자에게 지급되는 한 움큼 양식 정도로 느껴지겠지요. ●

78

우리는 그리스도인이 되기 위한 훈련으로 날을 정해두고 금식하라는 가르침을 받습니다. 왜 우리는 금식해야 하는 걸까요? 어떻게 배를 고프게 해가지고 하느님을 섬긴단 말입니까? 사실, 하느님 섬기는 일에 수고하려면 매일 적당한 음식을 먹어야 합니다. 예수님은 금식 자체에 매달리는 자들을 신랄하게 비판하셨지요. 그리고 금식을 하려면 은밀하게 하라고 말씀하셨습니다. 금식이 개인의 자랑거리일 수는 없으니까요.

사람이 금식하는 데는 두 가지 이유가 있습니다. 하나는 물질에 대한 집착을 끊기 위해서예요. 물질 가운데서도 우리에게 가장 중요한 것이 먹을거리지요. 금식을 해서 물질에 대한 집착을 끊고 대신 영적인 것들에 의존하도록 하는 겁니다. 끼니를 채워 음식을 먹으면 몸을 유지하기도 하지만 먹는 즐거움을 맛보게도 되지요. 먹는 즐거움 자체가 잘못된 것은 아닙니다. 그러나 먹는 즐거움에 빠져들면 영원하고 참된 즐거움의 원천이 영적인 데 있음을 잊게 되는데, 금식이 그것을 상기시켜주는 거예요.

 금식의 또 다른 이유는 먹을 것이 없어서 굶어 죽는 이들과의 연대(連帶)를 위해섭니다. 우리는 훈련 삼아 날을 정해서 금식을 합니다만, 양식 살 돈이 없어서 굶어야 하는 사람들이 많은 게 현실입니다. 우리가 진정 가난한 이들에게 자비심을 보이고자 한다면, 굶주림의 고통을 실제로 겪어봐야 해요. 그래야 내게 있는 것을 없는 이들과 나누려는 마음을 먹게 되지요. 그리고, 금식하면서 모은 돈으로 없어서 못 먹는 이들의 고통을 덜어줄 수도 있는 겁니다.●

79

우리는 흔히 인간의 정(情, emotion)에 여러 차원이 있다고 말합니다. 정이 깊다는 말을 듣는 사람이 있는가 하면 정이 얕다는 말을 듣는 사람도 있지요. 가슴이 넓고 활짝 열려 있다는 말을 듣는 사람이 있는가 하면 가슴이 좁고 꽉 막혀 있다는 말을 듣는 사람도 있습니다. 물론 그것들은 단순한 겉모습들이지요.

그러나 그 겉모습들에 진정 담겨 있는 것은 무엇일까요? 어떤 사람이나 사건에 대하여 정이 깊다는 말은 그 사람이나 사건을 몰라라하지 않고 오히려 깊숙이 동참한다는 뜻입니다. 가슴이 넓고 활짝 열려 있다는 말은 소수의 몇 사람과 특정 사건만이 아니라 많은 사람들과 여러 사건들에 두루 반응한다는 뜻이지요.

예수님은 사람들에게 깊은 사랑의 정을 품으셨고 그래서 그들의 인생에 일어나는 일들을 두고 간절히 기도하셨습니다. 또한 그분은 가슴의 품이 넓으셔서 만나는 모든 사람을 똑같은 깊이로 사랑하셨지요. 우리는 마땅히 이런 점에서 그분을 닮고자 갈망할 일이올시다.

얕은 정은 냉담과 불평으로 우리를 이끌고 그래서 남들과 그들의 인생에 대하여 무관심하게 만들지요. 또한 좁은 가슴은 주변에서 들리는 어려운 이들의 신음 소리와 괴로운 이들의 울음소리를 못들은 척하게 만듭니다. 그리스도인이 된다는 것은 사람 가슴을 더 낮은 곳으로 내려가게 하는 것이요 더 넓은 곳으로 나아가게 하는 것입니다. ●

80

세계는 문제들로 가득 차 있습니다. 우리 모두 많은 문제들을 안고 살아가는 인생이지요. 문제에 부닥칠 때마다 사람들이 하는 일은 대개 겉으로 드러난 증후들을 보고 그것들을 다스리는 것입니다. 예를 들어, 사는 집이 너무 작고 먹는 음식이 너무 거칠다고 생각될 때, 큰 집과 좋은 음식을 사기 위해서 더 많은 돈을 벌려고 하지요. 다른 사람과 갈등이 빚어지면 화를 내며 다투고 그래서 어떻게든 그를 이기려고 하는 거예요. 하지만 그것은 그리스도의 길이 아닙니다.

그리스도에 따르면, 모든 문제의 뿌리가 인간의 영혼에 있어요. 그러기에 영혼이 달라져야만 문제가 진정으로 해결될 수 있습니다. 집과 음식에 만족 못하는 사람은 더 많은 돈이 생겨도 행복하지 않을 거예요. 사람의 욕심이란 언제나 저보다 큰 욕심의 꼬리를 물고 있는지라, 머잖아 더 큰 집 더 좋은 음식을 원하게 될 테니까요.

사람의 행복은 자기 속을 들여다보는 데서 비롯됩니다. 그리하여 지금 가진 것으로 만족하고 그것들을 즐길

줄 알게 되면 그게 바로 행복이지요. 그러려면 탐욕이 감사로 바뀌어야 합니다. 다른 사람과 갈등을 빚을 경우에도 자기 안을 들여다보고 원수 사랑하는 법을 배울 일이올시다. 그래야만 갈등 배후에 숨어 있던 감정들이 녹아내리면서 화해가 가능하게 되는 거예요.●

81

성경을 읽자면 제자들이 할 말을 잃거나 얼토당토않은 헛소리나 지껄여대는 장면을 자주 보게 됩니다. 하느님의 영광이 계시되는 놀라운 현장에서 그들의 혀는 굳어지고 말지요.

계시에 대한 성경의 기록이 현장에서 말을 잃었던 바로 그들한테서 나온 까닭에 슬프게도 우리는 그때 거기서 일어난 일을 충실히 알 수가 없는 형편입니다. 우리 모두 그리스도께서 세상에 계실 때 무슨 일이 일어났는지를 자세히 알고 싶지만 그들이 남긴 어눌한 기록밖에 없는지라 안타까울 따름이지요.

하지만, 하느님께서는 목적이 있으셔서 우리에게 자세한 기록을 넘겨주지 않으셨습니다. 그분은 우리가 수백 년 전의 과거지사에 끊임없이 매달리는 것을 원치 않으셨던 거예요.

성경에 기록된 사건들은 지금 여기에서 우리가 찾고 발견해야 할 무엇의 표지들(signs)이올시다. 예수님이 병자들을 고쳐주셨으니 우리는 같은 기적의 힘을 오늘에 살려내어야 합니다. 예수님이 산 위에서 당신의 눈부신 모습을 드러내셨으니 우리는 주변 사람들 속에서 반영되는 하느님의 영광을 찾아보아야 하는 거예요. 예수님이 사람들의 영혼을 변화시키셨으니 우리는 같은 변화가 우리에게 일어나도록 힘써야 합니다.

지금 여기에서 하느님이 당신 영광을 드러내시면 우리 또한 할 말을 잃겠지요. 그러나 그렇게 어리벙벙한 상태에서 우리는 성경에 기록된 사건들을 더욱 잘 이해할 것입니다.●

82

내가 살고 있는 도시를 바라봅니다. 눈에 들어오느니 다만 혼란스러움뿐이군요. 서로 속이는 사람들을 나는 봅니다. 그러잖아도 가진 게 많은 부자들이 정직한 이들을 희생의 대가로 치르며 더 많은 재물을 긁어모읍니다. 남편들이 아내를 침상에 버려두고서 창녀들과 놀아나는군요. 권력을 잡고자 반대파를 끌어내리며 수단 방법을 가리지 않는 자들도 보입니다. 자기네가 원하는 바를 얻도록 도와주기는커녕 오히려 그런 것들을 원하지 말라고 가르치는 교회들은 텅 비어 있고요. 그런가 하면 병든 자, 죽어가는 자, 가난한 자, 아픈 자들은 모른 척하고 오직 교회의 잿밥에만 눈독을 들이는 사제들과 주교들도 보입니다. 그런데 이런 현실을 두고 울부짖는 소리는 어디에서도 들리지를 않는군요.

이토록 어둡고 무서운 그림 속에서 어떻게 희망을 발견할 수 있을까요? 마침내 악을 이기고 말 선(善)의 궁극적 힘에, 바로 그 힘이 가장 완악한 사람들 속에도 살아 있음을 아는 지식에, 우리의 희망은 있습니다. 간음하는 사람, 권력에 눈먼 사람, 남을 속여 먹고사는 사람, 재물에 취해 사는 사람 들을 오랫동안 찬찬히 들여다보면, 나는 그들 얼굴에서 선(善)과 진실의 희미한 자취를 가려낼 수 있고, 그 딱딱함 속에서 부드러움을 찾아낼 수 있습니다. 그 희미한 자취들이 눈에 들어오는 한, 나는 절망하지 않을 것입니다. ●

83

 바다는 출렁거리고 파도는 높지만 우리는 두려울 게 없습니다. 반석 위에, 믿음의 반석 위에 서 있으니까요. 바다에게 맘껏 출렁거리라고, 파도에게 산처럼 높이 솟아오르라고 합시다. 우리가 서 있는 반석은 든든하여 조금도 흔들리지 않을 것입니다.

 죽음이 두렵지 않느냐고요? 예, 두렵지 않습니다. 믿음의 반석 위에 선 나는 죽음이 영원으로 들어가는 문임을 알고 있거든요.

 유배당하는 게 두렵지 않느냐고요? 두렵지 않습니다. 믿음의 반석 위에서 내가 혼자일 수 없음을 알고 있으니까요. 나의 벗이요 형님이신 그리스도께서 언제나 내 곁에 계십니다.

 중상모략이 두렵지 않느냐고요? 예, 두렵지 않아요. 믿음의 반석 위에서 내가 항상 진실에 의하여 보호받는 줄 알고 있기 때문이지요. 진실 자체이신 그리스도께서 나의 보호자십니다.

 가난이 겁나지 않느냐고요? 겁나지 않습니다. 믿음의

반석 위에서 하느님이 또한 내게 필요한 것을 넉넉하게 주시니까요.

조롱당하는 게 두렵지 않느냐고요? 예, 두렵지 않아요. 불신자들이 비록 형편없는 인간이라고 깎아내려도 믿음의 반석 위에서는 모든 사람이 존중받는다는 것을 알고 있거든요.

아무리 사납게 바다가 출렁거려도 그것을 두려워하지 않고 오히려 즐기는 까닭은, 내가 서 있는 이 반석이 요지부동임을 거듭거듭 확인시켜주고 있기 때문입니다.●

84

이제 사랑하는 이들을 떠날 때가 된 것 같습니다. 머잖아, 하느님께서 내게 주신 형제들과 누이들을 떠나야 할 것 같군요. 하느님이 주신 일터에서 나쁜 사람들이 나를 데려갈 겁니다.

나는 지금 슬픕니다. 그리고 비통합니다. 화도 나 있어요. 하지만 절망하진 않습니다. 오히려 희망을 느낍니다. 이 희망의 원천은, 비록 내가 육신으로는 형제들, 누이들과 이별하지만 영으로는 결코 헤어지지 않을 것임을 아는 데 있어요. 그리스도께서 이를 입증하십니다.

첫 번째 사도들은 주님을 육신으로 알았고, 그분이 십자가에서 돌아가실 때 영원히 그분과 떨어지는 줄 알고 두려워했지요. 그러나 그분이 몸소 예고하신 대로, 육체의 이별은 그들로 하여금 영으로 더욱 가까워지게 했습니다. 그분이 돌아가신 뒤에 비로소 사도들은 깊은 가슴으로 그분을 알게 되었지요.

마찬가지로, 내 육신이 형제와 누이들을 떠날 때 나는 지금 알고 있는 것보다 더 깊게 그들을 알 것입니다. 그러면, 지금 느끼는 이 슬픔은 녹아내리고, 비통한 감정은 달콤하게 바뀌고, 분노에 찬 이 가슴 또한 어루만져지겠지요. 그 무엇도, 그 누구도, 그리스도 안에 뿌리내린 사랑을 깨뜨려 부술 수 없습니다. ●

성 요한 크리소스토무스의 생애

312년, 황제 콘스탄티누스가 그리스도교를 제국의 공식 종교[國敎]로 선포하자 주교와 사제들은 갑자기 권력과 부를 움켜잡게 되었다. 수세기 동안 박해와 가난으로 신음하던 사람들이 돌연 사회의 특권층에 진입한 것이다. 많은 주교와 사제들이 호화스런 집을 짓고 비싼 옷자락을 날리며 거들먹거렸다.

하지만 모두가 그런 것은 아니었다. 그리스도교의 갑작스런 변화에 오히려 아연실색하여, 그리스도께서 가르치시고 실천하셨던 단순하고 가난한 삶과 널리 베푸는 삶으로 돌아갈 것을 교회에 촉구하는 소수의 무리가 있었다. 이들 시대의 흐름을 거스르는 무리 가운데 가장 뛰어난 능변가(能辯家)가 수사학을 공부한 시리아 사람 요한(Johannes)이었다.

경제적, 사회적 정의를 주제로 한 그의 설교들이 베껴져서 지중해 연안에 두루 읽혀지자 위협을 느낀 황후와 군주는 그를 정치 질서를 위협하는 인물로 몰아 유배시켰다. 그가 죽은 뒤, 사람들은 그에게 '크리소스토무스(Chrysostomus)'라는 별명을 지어주었다. 그 뜻은 '황금 입을 가진 사람'이다.

성 요한 크리소스토무스는 347년, 로마 제국의 중요한 도시 가운데 하나인 안티오키아에서 태어났다. 부유한 귀족 가문의 후예답게 그는 평생토록 자신감이 몸에 배어 있었다.

요한은 리바니우스라는 이름의 위대한 이교도 웅변가 밑에서 수사학을 공부했지만 368년, 변사(辯士)로서의 경력을 모두 버리고 세례를 받은 다음 성경 공부에 몰두하였다. 그리스도의 가르침에 따라 재산을 모두 포기한 그는 한동안 동굴에서 은수자 생활을 하기도 했다. 그러다가 안티오키아로 돌아와 거기서 사제로 임명받았다. 그때부터 10여 년간 설교하는 일에 자신을 바쳤는데, 한 주일에 최소한 한 번씩, 2시간 넘게 걸리는 설교를 하였다.

그는 설교문을 미리 썼고 나중에 서사(書司)들이 그것을 베껴서 여러 교회에 보내어 읽게 하였다. 가끔 까다로운 신학 문제를 다루기도 했지만 그의 설교는 끈질기게 정의(正義) 문제로 돌아왔다. 부자들은 하느님께서 공동선을 위해 재물을 맡기셨으니 어디까지나 재물의 관리인으로 처신해야 한다는 게 그의 주장이었다. 그는 가난한 이들을 외면하고 호화스럽게 사는 자들을 격렬한 언어로 비난하였고, 교회의 자선 행사에는 드러나게 참여하면서 예배당 문간에 앉아 있는 거지들은 못 본 척하는 자들에게 신랄한 독설을 퍼부었다.

389년, 콘스탄티노플의 늙은 교구장이 죽자 시민들 사이에서 요한을 그 자리에 앉히자는 여론이 일었다. 황제는, 처음에는 반대했지만 백성들이 그를 선택한다는 사실을 알고 결국 요한을 초빙하는 데 동의했다. 요한은 의욕에 넘쳐 새로운 임무에 착수하였다. 교회가 운영하는 병원과 학교의 수를 늘리고 성직자 세계의 부패를 뿌리 뽑았으며 교구청의 쓰지 않는 장식품들과 고급 가구들을 모두 내어놓아 가난한 자들을 구제하는 데 썼다. 짬이 나는 대로 걸어서 시내 빈민가를 찾았고 서민들과 이야기를 나누는가 하면, 멀리 시골 마을과 주거지들을 방문하기도 했다. 그러면서 주일마다 설교를 통해, 탐욕으로 하느님을 모독하는 부자들을 책망하였다.

  시민들이 그의 설교를 듣고자 구름처럼 모여들었고 설교를 들을 때마다 부유한 억압자들에 대한 그들의 분노도 커져갔다. 이내 콘스탄티노플의 지배 계층은 민중 폭동이 일어날 것을 두려워하게 되었다. 요한이 싫어한 것들을 두루 갖추고 있던 황후 에우독시아가 황제에게 요한을 추방하라고 강요했다. 동시에 많은 성직자들이 우려의 목소리를 내었고, 요한의 명성을 시새우던 알렉산드리아 교구장이 그들을 후원했다. 주교 회의가 소집되어 요한을 문책하는 그럴싸한 공문서가 작성되었다. 그는 유죄로 판명되어 직위를 빼앗겼고, 설교를 계속하면 유배당할 것이라는 위협을 받았다. 시민들의 분노가 폭발 직전에 이르자 며칠 만에 요한은 소요를 가라앉히라는 명분으로 복권되었다.

  그리고 두 달 뒤 요한이 설교를 했는데, 황후는 그 설교가 자기를 정면으로 반박하는 내용이라고—아마도 옳게—해석했다. 결국 황후의 강요에 의하여, 요한은 부활절 성체성사를 집전하던 중 붙잡혀 갔다. 잡혀간 직후에 추방당할 것을 내다보며 비통한 심정으로 설교한 것을 보면, 그때 이미 자신의 마지막 운명을 예감했던 것 같다.

요한은 곧 아르메니아의 작은 마을로 옮겨졌다. 교황이 그를 위한 중재에 나섰고 시민들의 소동도 그칠 것 같지 않았다. 주교회의는 요한의 죽음만이 평화를 가져오는 유일한 길이라고 결론 내렸고, 황제는 흑해 동쪽 변방의 한 요새에 요한을 유배시키라고 명령했다. 요한은 넝마 조각으로 겨우 몸을 가린 채 맨발로 걸어서 차가운 가을비를 맞으며 먼 길을 가야 했다. 결국, 유배 당해 가는 길 위에서, "모든 것을 위하여 하느님께 영광을(Glory to God for everything)" 이라는 마지막 말을 남기고 숨을 거두었다. 향년 60세였다.

요한이 남긴 설교들은 세월이 흘러도 좀처럼 위력을 잃지 않았다. 그가 자신의 메시지를 전하기 위해서 사용한 단순하고 투박한 언어들과 일상생활에 친근한 비유들은 여전히 우리의 마음을 울린다. 현존하는 그의 설교들에서 진수(眞髓)를 뽑아 묶은 것이 이 책이다. 현대 독자들이 좀 더 쉽게 읽을 수 있도록 간추린 구절도 있고 풀어놓은 구절도 있다. 그의 설교들 대부분이 정치적 사회적 정의를 주제로 삼은 것들이지만, 결혼생활과 가족, 그리스도교 생활 윤리를 다룬 주목할 만한 설교들도 포함시켰다.

요한 크리소스토무스가 사회의 일반 대중 사이에서 인기가 많은 데 견주어 특권층에는 별로 인기가 없다는 사실은, 그가 살았던 4세기나 지금이나 별반 다를 게 없지 싶다.

로버트 밴 더 웨이어

성 요한 크리소스토무스 St. Johannes Chrysostomus(347~407)

347년 로마 제국의 안티오키아에서 부유한 귀족 가문의 후예로 태어났다. 리바니우스라는 위대한 웅변가 밑에서 수사학을 공부했지만, 368년 세례를 받은 다음 성경 공부에 몰두했다. 그리스도의 가르침에 따라 재산을 모두 포기하고 동굴에서 은수자 생활을 하다가 안티오키아로 돌아와 사제로 임명받았다. 그때부터 십여 년 간 설교하는 일에 자신을 바쳤다. 389년, 콘스탄티노플의 교구장이 되어 가난한 자들을 구제하고, 설교를 통해 탐욕으로 하느님을 모독하는 부자들을 책망하였다. 그러나 요한의 설교에 위협을 느낀 황후와 콘스탄티노플의 지배층, 성직자들에 의해 유배길에 올라 먼 길을 가던 중 60세로 숨을 거두었다. 그가 죽은 뒤, 사람들은 그에게 '크리소스토무스Chrysostomus'라는 별명을 지어주었다. 그 뜻은 '황금 입을 가진 사람'이라는 뜻이다.

이현주

1944년 충주에서 태어났다. 감리교신학대학교를 졸업하고, 1964년 「조선일보」 신춘문예에 '밤비'로 등단했다. 목사이자 동화 작가, 번역 문학가로서 동서양을 아우르는 글들을 집필하는 한편, 대학과 교회 등에서 강의도 하고 있다. 동화집 『알 게 뭐야』 『살구꽃 이야기』 『날개 달린 아저씨』 등과 『예수를 만난 사람들』 『이아무개의 장자 산책』 『길에서 주운 생각들』 『보는 것마다 당신』 『이현주 목사의 꿈 일기』 등을 썼으며, 『예언자들』 『숨겨진 보물을 찾아서』 『배움의 도』 『바가바드기타』 등을 우리말로 옮겼다.
태어날 때 이미 모든 것을 받았으니 이제 우리가 할 일은 도로 내어드리는 것밖에 없다는 '드림정신'을 제안하고, 주식회사(主式會社) '드림'을 설립해 인터넷 카페와 건물 없는 교회인 '드림실험교회'를 통해 여러 사람들과 드림정신을 실천하고 있다.

성 요한 크리소스토무스의 황금 설교
단순하게 살기

첫판 1쇄 펴낸날 | 2008년 6월 10일

지은이 | 요한 크리소스토무스
엮은이 | 로버트 밴 더 웨이어
옮긴이 | 이현주
펴낸이 | 박성규

펴낸곳 | 도서출판 아침이슬
등록 | 1999년 1월 9일(제10-1699호)
주소 | 서울시 마포구 합정동 411-2(121-886)
전화 | 02)332-6106
팩스 | 02)322-1740

ISBN | 978-89-88996-92-8 (03230)

• 책값은 뒤표지에 있습니다.